勝てば官軍

《新装版》

日本マクドナルド創業者

藤田 田（デンと発音して下さい）

KKベストセラーズ

勝てば官軍

［新装版］

日本マクドナルド創業者

藤田 田（デンと発音して下さい）

KKベストセラーズ

装幀　トサカデザイン
挿画　渡邉孝行

まえがき

一九九六（平成八）年四月、アメリカで開かれたマクドナルド世界コンベンションで、日本マクドナルドは「世界一」だと紹介された。

To:Team Japan
In Recognition of Your Excellence In Delivering Value, Development,Cost Reduction and Profitability.

その記念の楯に刻みつけられている文字は、われわれが展開した「バリュー戦略」や、店舗開発、利益を五〇パーセントも伸ばしたことが、九五（平成七）年の世界のマクドナルドの活動のなかで最高の成果であることを顕彰している。

そして九六年七月二〇日、日本マクドナルドは、銀座一号店オープンから二五周年を迎えた。

九五年度、年商は対前年比一七・五パーセント増の二五三四億円、経常利益は五四パーセント増の一八八億円という空前の業績をあげた日本マクドナルドは、九六年度も、年商三〇〇〇億円達成は確実という快進撃を続けている。

日本経済新聞は、「ハンバーガー勢力図異変」と題して次のような記事を一面トップに掲《かか》げた。

日本食堂は九九（平成一一）年までに、首都圏のJR駅構内のハンバーガー店「サンディーヌ」約二〇店を、クロワッサンのサンドイッチを主力とした「サンディーヌエクスプレス」に順次、衣替えする。レストラン森永（東京・港）が今春、「森永ラブ」約四〇店を日本たばこ産業に売却したのに続くハンバーガー事業からの撤退。マクドナルド値下げの影響で売り上げの減少が続いているため、直接競合しない分野に転進することにしたという。

一方、明治サンテオレ（東京・目黒）はまず、マクドナルドの店に近接する都内の三店舗で、コロッケバーガー二〇〇円を一〇〇円に値下げした。比較的、質の高い国産の食材を売り物に、低価格路線とは一線を画していたが、「十代の客を集めにくい」（黒川孝雄社長）ため、対抗値下げに踏み切った。

また、サントリー系のファーストキッチン（東京・新宿）はハンバーガー以外のサンドイッチを強化。業界二位のモスフードサービスもホットドッグ類を拡充するなど、マクドナルドとの競合を避ける動きも出ている。

マクドナルドは昨年四月、ハンバーガーを二一〇円から一三〇円に値下げしたのを手始めにハンバーガー類全八品目の値下げを実施。これによる客数の大幅増などで九五年一二月期の売上高は前々期比一七・五％増の約二五〇〇億円を記録。

今期に入っても前期比二割増のペースが続き、国内販売シェア（市場占有率）の半分程度を占《し》めたとみられるマックの攻勢の影響で業績悪化に陥るチェーンが目立っている。

（『日本経済新聞』九六年八月一〇日夕刊）

わたしは昨年、わが日本マクドナルドをあの〝宇宙戦艦ヤマト〟に擬《ぎ》して「巨大宇宙戦艦マクドナルド号、発進せよ！」と全社員に檄《げき》をとばしたが、まさに日本マクドナルドはいまや日本外食産業界の〝巨大宇宙戦艦〟となったのである。

二五年前の七一（昭和四六）年七月二〇日、銀座三越デパートの一階に五〇平方メートルの第一号店をオープンしたとき、わたし以外のだれが「いま」を予測しえただろうか。

わたしがハンバーガーをやるといったとき、ある人は「日本人は米と魚を食べている国民だから、パンと肉のハンバーガーなんて売れやしないよ」といい、またある人は「味を日本人好みにしなくちゃダメだ」といった。

だが、わたしには「時代は変わりつつある」という予見と確信があった。

当時すでに、日本人の米の消費量が年々減少していることは各種統計の数字に表れていたし、それは加速度的に食の「西欧化」が進んでいることの証左でもあったのだ。

わたしは、米と魚を食べてきた二〇〇〇年来の日本人の食習慣を、二〇年後に成人となる子どもたちにターゲットをしぼることで変革できるという〝長期大戦略〟を構想した。三〇年で一サイクル、一回転するというビジネスの原則にのっとって、である。

わたしを「大風呂敷」と嗤《わら》った人も多かったが、それから二五年、いまマクドナルドで育ってきた世代が親になり、その子たちとともにハンバーガーを食べている。一日三食ハンバーガーを食べているという若者も少なくない。

「日本人の食習慣を変えてみせる」というわたしの〝長期大戦略〟は、みごとに大輪の花を咲かせたのである。

もちろん、この花は「咲くべくして咲いた」といったたぐいのものでは断じてない。わたしが〝起業家〟として、社会情勢の変化を鳥瞰《ちょうかん》的にまたは虫瞰《ちゅう》的に分析し、変化を先取りして立てた戦略と、一年三六五日、あらゆる面でつねに現実のニーズに応じて、あるいはそれに先行して行なってきた企業努力があったからだ。

マクドナルドだけではない。トイザ〝ら〟スやブロックバスターや、新しくはじめたタイラックといったビジネスも大成功をおさめている。その成功は、わたしが昭和二六年に創業してから四五年間、藤田商店で蓄積したノウハウがあってのことだ。

この『勝てば官軍』で、わたしは、マクドナルドの二五年間から得たものだけではなく、藤田商店の四五年間に獲得したノウハウ、成功の法則を、ビジネスだけでなく人生のそれとしてみなさんに公開した。

「勝てば官軍」というと、なにかむきつけな感じがするかもしれないが、そうではない。ビジネスは勝たなければ価値はない。人生もまたしかり。

わたしが本書で語ったことは、たんにビジネスを新しくはじめるための手引きではなく、人生を豊かにするためにも必要不可欠とわたしが信じていることなのである。

藤田　田（デンと発音して下さい）

勝てば官軍

［新装版］

目次

第3章 ビジネス成功の法則

第4章 規制緩和なき日本に明日はない 177

第5章

ビジネス・チャンスは無限にある

「藤田 田6冊同時復刊プロジェクト」は、著者の主要評論を収録するものです。本作品中に、現在の観点から見れば、差別とされる言葉・用語など考慮すべき表現も含まれておりますが、著者の作品が経営・ビジネス書の古典として多くの読者から評価されていること、執筆当時の時代を反映した著者の独自の世界であること、また著者は、2004（平成16）年に他界し、作品を改訂することができないことの観点から、おおむね底本のままとしました。

（ベストセラーズ書籍編集部）

＊本書は一九九六（平成八）年弊社初版刊行『勝てば官軍』を底本とし、初版時の内容をそのまま再録することを目指しました。ゆえに語句・表記上の加筆修正のみ行い、新たに装幀、挿画を変えて新装再編版としたものです。

第1章

価格破壊は
歴史の必然である

1 デフレ経済下で生き残るには価格破壊しかない

一九九四（平成六）年一二月八日、わたしは一気に全社員にアピールする檄文《げきぶん》を書き上げた。〝巨大宇宙戦艦マクドナルド号出撃宣言〟を、である。檄の内容は以下のとおりである。

今般、一九九四年のセールス・利益状況は如何なる理由があろうとも、当社従来の発展よりみて極めて不満足であると判断し、一九九五年のマーケティング・プランを全面的に変更し、バリュー、すなわち価格破壊の大旗の下、緊急に奇襲作戦を執拗に繰り返し実行し、一九九五年を輝ける勝利の年にすることを決定した。

為政者の景気回復政策の無策を拱手傍観、悲憤慷慨することを止め、我々は独自にハイリスク・ハイリターンを覚悟の上、全力を傾注し、一九九五年を〝マクドナルド強襲の年〟と呼称し力闘を開始する。勝利か、凋落か、我々が双肩に懸かる。

本日一二月八日は奇しくも五三年前、帝国海軍航空隊歴戦の勇士による真珠湾奇襲攻撃の日である。我々は本日をもって、当社の存否《そんぴ》を賭け、我ら歴戦の勇士が操艦する巨大宇宙戦艦マクドナルド号の出撃の日とする。そして来る一二月一六日よりサンタクロース・ギフト作戦を前哨戦として、一九九五年度の開戦信号を挙《あ》げる。

全社員、全ライセンシー諸君に、一九九五年は価格破壊強襲作戦、勝利を目指し死闘を尽くすことを要請すると同時に、日本外食産業界へ消費者優先驚天動地の一大殴り込み作戦を開始することを茲許に宣言する。

諸君、我々に続け！　強襲勝利へ！

一九九四年一二月八日　　藤田　田》

なんと大時代な漢語調、アナクロニズムと思われるだろうが、わたしは、あえて意図的にそうしたのである。

なぜならば、日本経済の現実は〈デフレーション経済〉であるという答えがはっきりしたからだ。本来、資本主義そのものは銀行利息分だけはふくらむ右肩上がりの〈インフレーション経済〉だが、バブル崩壊以後の日本は、たとえば金利の低下ひとつ見てもわかるように、資本主義の原理が作用しなくなり、変則的な資本主義になってしまったのである。

デフレ下では、生存競争はいちだんと苛烈になり、敗者必滅、生き残るためには他人を滅ぼしてでもおのれは勝ちぬかなくてはならぬ。

わたしは、その冷厳な哲理を全社に徹底させ、「勝利か死か」、日本マクドナルドの存亡を賭けた「価格破壊強襲作戦」の開始宣言には、この文体こそがふさわしいと考えたのだ。デフレ経済下で自分が生き残るためには価格破壊しかない。

安く売ってお客をよけいに獲得する。お客を取られた企業はつぶれる。そうなれば全国的に大規模な失業問題が起きてくるだろう。だが、失業問題をいかにするかを考えるのは政治家の仕事であって、わたしの仕事ではない。

わたしの仕事は、近い将来浮上するだろう大規模な失業状態から、全力をあげて社員を守り抜くことである。そのために、わたしは〝巨大宇宙戦艦マクドナルド号〟の出撃宣言をしたのだ。

2 前人未到の記録に挑戦する

出撃宣言を出してから一年三ヵ月後の一九九六（平成八）年三月七日、わたしは業績報告記者会見を行なった。

「日本マクドナルドの九五年度の売上高二五三四億円、経常利益一八八億円。顧客満足度の向上と、出店攻勢を背景に、売上げは一七パーセント、利益は五四パーセントの大幅増を記録しました」と発表したとき、会場から低いどよめきが起こった。

世間一般に売上げが落ち、利益も落ちた時期である。上場企業ではない日本マクドナルドの業績は驚異的だといっても、けっして夜郎自大《やろうじだい》の自画自賛ではあるまい。

躍進の理由は単純明快、一言でいえば、日本経済の動向の予測である。バブル崩壊後五年、政府も経済アナリストたちも、そろそろデフレ経済は終わりインフレ経済になると期待しているが、わたしはデフレ経済は長期化すると予測したのである。

その予測の根拠は二つ。一つは「少子化」＝人口減少であり、もう一つは「減反政策」

である。

第二次ベビーブームのピーク時である七三（昭和四八）年に、二〇九万人だった出生数は、その後、低下を続け、それが九五（平成七）年には一一八万人と、九〇万人減った。このことは、二〇年後、彼らが結婚適齢期になるときには、男女同数として考えると、四五万カップル減るということである。新規の家の需要はこれまでのようには起こらないということを意味している。

これまでは、七三（昭和四八）年ごろまでに生まれた人が結婚してきたので、新規の住宅をはじめさまざまな新しい需要があった。ところが、いまや一人の女性が一・四三人しか子供を産まない状況になっている。これからは子供の数は減っていく一方で、老齢化、高齢化はますます進んでくる。このままでは日本はどうしようもなくなるということははっきりしている。

発展途上国では人口が倍とか三倍になっているとかいっているが、日本はそんな必要はない。しかし、すくなくとも人口が減らないようにしないと、このままでは国の発展など望《のぞ》みようもない。ところが政府はまったくの無為無策である。また、警告を発する経済学者もいない。

もう一つ大きな問題は、作付け面積の大幅減反である。

徳川家康以来、日本は農本主義を国是として、農民を大切にしてきた。とくに戦争中には食糧政策と質のいい兵士の供給源として、農民を保護していた。その農本主義は戦後のいまも根強く残っている。

ところが、ガット（ＧＡＴＴ：関税及び貿易に関する一般協定）の実施をアメリカに迫られた細川元総理が、九五（平成七）年から国内消費量の四パーセント相当の米を輸入し、以後五年間、二〇〇〇（平成一二）年には八パーセントになるまで、毎年米を買っていくことを約束した。そのため農水省は、九五年一一月より施行の新食糧法にもとづく対策として全国五〇〇万ヘクタールある農地のうち約一五パーセントの七九万ヘクタールは米をつくらないで、作付け面積を減らすこと、そのかわり生産調整をするための補助金を出すという政策を出した。

しかし、農民も、コシヒカリと同等のうまい米が外国から五分の一くらいの値段で入ってくると、農業は成り立たないということはわかっている。

われわれがいま農地以外に使っている土地の有効面積は一七〇万ヘクタールだ。そこに、この七九万ヘクタールの売り物が出てきたらどうなるか。地価が下落することは火を見るよりも明らかである。いったん下がった地価は、わたしが見るところ、少なくとも今後二〇〜三〇年は値上がりしないだろう。

これまで、わたしたちは、資産を増やすために土地を買っていた。日本の国土は狭いから、土地の需要と供給のバランスは、需要が圧倒的に多いのが現実であり、それは未来永劫続くだろうと信じきっていたからだ。ところがいまや土地を買えば儲かるという時代は終わり、土地を持つことは資産の減少を意味するようになっている。米の自由化で農地の減反はますます進み、それが宅地として売り出されるようになれば、日本では土地の需要は供給を上回るということが〝神話〟あるいは〝迷信〟になってしまうのである。

いや、すでに地価は下落の一途で、神話は崩壊し、資産デフレは起きているのである。もはや土地は投機の対象にはならなくなったのだ。

たとえば、何年か前に買ったマンションを処分して新しいマンションに住み替えようとしたが、前のマンションが買った値段の半額でしか売れず、ローンが残る。その上に新しくローンを組まなければならない。諸外国が実行しているように、住宅ローンは所得税の対象となる収入から除外し、利息は政府が負担するというようにしないと、国民は新しい家を買えないような事態になっている。それなのに、政府はなんの手もうっていない。

この少子化と農地の余剰という二つの理由で、資本主義経済でありながら日本だけが変則的なデフレーション経済になっているのである。

このデフレ経済は長期化する。少なくとも一〇年は続くだろう。わたしは、日本経済の長期動向をそう予測し、同業他社に先行して値下げをするという戦略をたてたのだ。

九四（平成六）年一二月八日、「宇宙戦艦マクドナルド号、発進せよ！」と全従業員に檄を飛ばし、一六日から売り出した一〇〇円バーガーは、二日後の日曜日には来店者数のべ四〇〇万人、売上げ一四億三六七一万円を記録した。これはその年の九月四日に記録した三八五万人、一二億六五六八万円を凌駕する、創業以来最高の数字だった。

わたしは、この記録を、日本経済がデフレ経済になり「一〇〇円」の価値が上がってきた証しだと見ているのである。

そこでわたしは「まだまだ値下げしていない商品がある。それをすべて半額で継続的に売り出し、その過程でハンバーガーを思い切って値下げして継続しよう」と考えた。これでもか、これでもかと安売りしてその分、三倍、四倍の客を獲得するのだ。

これが〈戦争〉でなくてなんであろうか。まさしく価格破壊戦争である。

勝てば官軍なのである。

以後、年間を通してわたしは、他の追随を許さない低価格路線を断行した。

四月、七月、一〇月と三度にわたって主力商品の価格改定を行ない、たとえばハンバーガーは二一〇円から一三〇円、ビッグマックは三八〇円から二八〇円へと大幅に定価を引き下げた。

値下げした分、数で勝負する

それにしても、創業二五周年だからといって、ハンバーガー八〇円とかビッグマック二〇〇円とかシェイク一二〇円とか、二五年前の値段で売って大丈夫か。売れば売るほど赤字になるのでは？　と心配してくださる向きもある。

考えてみよう。二五年前には一ドル＝三六〇円だったが、いまは一ドル＝一〇〇〜一一〇円である。円高の追い風にのっている。輸入している原料の価格が二五年前と同じだったら問題だが、いまは三分の一強。しかもわが社は為替予約により一ドル九〇円で仕入れているのである。二五年前のちょうど四分の一だ。もちろん、人件費や地代などいろいろな経費は上がってきているが、原料は四分の一で仕入れられる。だから、数さえさばけば創業時の値段で売っても損はしない。むしろ儲かるのだ。

これが〝価格破壊〟の秘密なのである。同業他社が低価格路線に踏み切れなかった理由なのである。

とはいえ、値下げは難しいことではない。誰にでもやってやれないことはないのである。しかし、二一〇円のものを一挙に一三〇円にして、もし売れなかったときはつぶれてしまう。それが怖くて、わたしのように強引にはできないのだ。

ビジネスのサイクルは三〇年

マクドナルドは一九九六（平成八）年〃創業二五周年〃を迎えたが、この二、三年、お客の数が非常に増えてきている。

値段を安くし、新規の出店を増やしたから客が増えたのだという。なるほど、昨年だけで店数は三二三店増えた。トータルの売り上げは一七パーセント伸びた。が、既存店（すでに一年前から存在している店）を見ても一四パーセント伸びているのである。

コンパラ（コンパラブル・セールス＝前年売上比較可能店舗）が一四パーセントということは、客が増えているのはなにも一時的なことではないということだ。

創業当時の二五年前は、外でなにか食べようというとき、子どもが「マクドナルドへ行こう」というと、親は「そんな立ち食いなんかダメだ。うどん屋かすし屋にしよう」といっていた。

そのとき、四、五歳だった子どもたちが、いま親の世代になってきて、子どもが「マクドナルドへ行こう」というと、なんの抵抗もなく親子で来てくれるようになった。

わたしが考えていた「ビジネスはワン・サイクル三〇年」という世代交代が、いま完全に現実となったのだ。

株の世界に「利が乗っている」という言葉がある。買っていた株が買値より上がっていくことだ。マクドナルドはいま、「利が乗っている」状態になってきているのである。

九六年も〝宇宙戦艦マクドナルド〟は、「もうひとつ歴史作るぞ三〇〇〇億！」を全社のスローガンに、九五（平成七）年を上回る強襲作戦に出た。

すでに正月早々には八〇円バーガーを出した。新しい商品を三ヵ月に一回ずつ出し、七月末～八月にもう一度八〇円バーガーをぶっぱなした。

店舗数も五〇〇店増やして一五〇〇店を二〇〇〇店にする。

年間売り上げ三〇〇〇億円。日本の外食産業では前人未到の記録だ。この二五年、わたしは日本の外食産業の歴史を書き換えてきたが、それをさらに書き換えるのだ。その先には、二〇〇〇年には売上げ五〇〇〇億円、二〇〇六年には一兆円という数字が射程距離にある。三〇〇〇億円は、そこへの一つのマイルストーンなのだ。

「もうひとつ歴史作るぞ三〇〇〇億！」このスローガンと、店舗を二〇〇〇店にするという具体的な目標で社内の意志は統一されている。全社的にやる気はみなぎっている。だから、面白い結果になるだろうと、わたしは確信しているのである。

3

「原価の二倍」で売る時代がきた

相次ぐ値下げを断行するにあたり、値下げはどこまで可能なのか、適正価格はいくらなのかということになってくると、これまでの経験や勘は通用しない。

わたしが定価二一〇円のハンバーガーを一三〇円に値下げした背景には、独自の「顧客満足度曲線」という綿密なマーケット・リサーチの裏付けがあったのだ。

お客を対象に「あなたはいくらなら買いますか?」「あなたはいくらなら満足しますか?」というリサーチを行ない、グラフに表してみる。

ハンバーガーに関しては、一六〇円までは購買意欲は上がらないが、一五〇円を切ると急激に売れるという結果が出た。満足度は一三〇円で八〇パーセント、一〇〇円で一〇〇パーセントである。ならば一三〇円で行こうということになったのだ。一〇〇円セール、八〇円セールを実施したのも、こういった裏付けがあったからだ。

世の中、出回っている大方のモノは三〇パーセントくらいの満足度であるという。八〇パーセントの人が満足してくれる価格設定は珍しいということから、マクドナルドのハンバーガーが、いかに適正価格であるか、ということがおわかりだろう。

原価との関連でいえば、いままで日本では「小売価格は原価の三倍」というのが常識だった。ところがデフレ経済のいま、原価の二倍に設定しなければ買ってもらえない時代が来ているのだ。

それにはどうするかというと、徳川時代以降連綿と続いてきた「メーカー↓大問屋↓中問屋↓小問屋↓小売り業」という流通経路を「メーカー↓小売り」という経路に変えなければならない。マクドナルドは自分でつくって、自分で売っているから間にミドルマンがいない。だから原価の二倍で売れるのだ。

その意味では低価格戦略はこの伝統的流通経路の「革命」、つまり流通革命なのである。

原材料の世界調達がコストダウンの秘密

マクドナルドの低価格戦略が他の追随を許さないのは「グローバル・パーチェシング」という武器をもっているからである。

世界九四ヵ国のマクドナルド・チェーンの仕入れ部のコンピュータはオンラインで結ばれ、世界中の産地情報が瞬時に読み取れるシステムができている。

チェーン全体で高品質で安い食材を開発し、一括購入する。だからその分、コスト削減がはかれる。なにしろ、膨大な量なのである。このメリットは大きい。

たとえばチキン・マックナゲットであれば、チキンを生産している世界各国の企業名、現地価格、運賃、保険料のすべてが表示され、最終的な仕入れ価格がわかるシステムになっている。

これを見て、当月の買付けはどこでなにを買うのが一番安いかをさまざまなシミュレーションによって判断し、調達すればいいのだ。為替相場をにらんで、円高を狙ってオーダーすれば、その後、円安に向かっても円高のメリットは充分、享受できるのである。

昨年の利益五四パーセント・アップに、この仕入れシステムが大きく貢献したことは明らかであり、今後、更なるコストダウンを追求することも可能である。

長い目で見れば、戦後四五年間、日本経済は右肩上がりで発展してきて、バブルになり、そしてそれが崩壊した。その後片付けは二年や三年でできるものではない。一〇年、二〇年はかかるので、その間は、やはり長い目で処していかなければならない。

だから、価格破壊は今年、来年だけで終わるのではなくて、世の中がもう少し落ちつくまで、長い時間をかけて継続していかなければならない戦略なのである。

4

解雇しなくてもリストラはできる

出撃宣言に先立つこと一年、わたしは「売上げを維持するためには組織はいかにあるべきか」という問題意識に立って、社内体制のリストラに取り組んできた。

わたしの「マクドナルド・リストラ」計画はこうだ。

社内的には、現行の五地区本部制を三地区本部制に統合改編して中央集権をはかると同時に、その三地区本部に対して大幅な権限を委譲する。具体的には、大宮にあった関東本部を東京本部に統合し、西日本本部を関西本部に統合して、五地区本部の上に本社があるという組織を、いわば三つの本社ができたような形にしてスリム化する。そうすることで約一割の人員削減が可能である。

といえば、「マクドナルドも人員解雇か」と早合点《はやがてん》する人もいるだろうが、どっこい、わたしはそんなことはしなかった。

わが社には、社員ライセンスによるフランチャイズ制度があり、社員ライセンスを取得したいという希望者はたくさんいる。そこで、この制度をさらに活用して、そうした希望者のなかからフランチャイジーを選び、彼らに社員ライセンスをあたえて現場で活躍してもらうことで、全組織トータルで約一割にあたる人員を削減するのである。

しかも、わが社は毎年、新店舗を増やしている。ちなみに今年は五〇〇店舗増やすから、当然、現場に店長以下、人は必要なのである。その必要な人員を、あまり外部からは採用しないで社内組織の改編で充たしていけば、解雇することもなければ給料を減らすこともないのである。

社員にしても、みながみな本部長や部長になれるわけではない。ならば四〇～四五歳くらいの間にフランチャイジーとなって、一国一城の主《あるじ》になればいいのだ。会社にいるより収入が上がれば生涯設計に支障はない。すべての社員が定年まで会社に居残るのではなく、選択肢を与えて人材の流動化とスリム化をはかり、解雇しなくても維持していける組織体制をつくるのである。年間四〇～五〇人ずつのペースで独立をすすめているのである。

その「独立」は、いわゆる〝脱サラ〟ではない。脱サラというと、ほとんどはこれまで会社でやってきたことと関係のない仕事をするものだが、マクドナルドにおける「独立」は、入社したときからの「生涯計画にもとづいた個々の選択」なのである。「商売は仕入れにあり」という。マクドナルドでは、直営店もフランチャイジーも仕入れ価格はまったく同じである。しかも、元社員だから、兄弟にやらしているようなもので、団結が固い。わたしの性格もよく知っているし、会社のこともよく知っているという利点がある。

5

「飽和状態」という言葉は無用だ

「藤田田は〝価格破壊者〟だ」といわれるが、違う。わたしは「適正な価格」で売っているだけなのだ。二～三年もすれば当たり前になるだろう価格で売っているだけなのだ。そこで消費者にハンバーガーを「適正な価格」で提供するためには、ローコスト化をはかる上で、「出店計画」を練り直さなければならない。その結果「サテライト店」が生まれたのだ。これまで、ビッグな店ばかりつくってきたが、すき間を埋めるスモールサイズの店を出して投資効率の向上をはかったのだ。

一店舗あたりの投資額もトラディショナル店の三分の一から四分の一ですむようになった。かつては、一日の乗降客数三万～五万人を目安にしていた駅前出店の場合でも、二〇坪前後のサテライト店ならば、人員を効率よく配置すれば充分収益は上がる。たとえば一九九五（平成七）年七月に出店した西武新宿線の沼袋駅前サテライト店は、従来の基準では出せなかった店だった。

また九四（平成六）年七月に出店した愛知県の藤田学園保健衛生大学病院店、九五年一一月に出店した神奈川県の松下通信工業店などもこれにあたる。

要するに、店のサイズによって商圏を設定するのではなく、商圏に合ったサイズの店を出していくというように、戦略を変えたのだ。

こうしてサテライト店は九四年末までに七七店、九五年には三二四店に達し、いまも増殖しつづけている。しかも、サテライト店を出店することによって、フードコート（飲食エリア）の売り上げ全体が二〇パーセントもアップするという例が続出している。

九四年三月にスタートさせた「バリュー戦略」の効果に加えて、マクドナルドの持つブランド力が大きな集客効果を発揮しているのである。その結果、地方のスーパーなどからの出店要請も相次いでいる。

「九六（平成八）年の新規出店計画は五〇〇店だ」というと、また藤田田のラッパがという声もあがるが、その内実は「トラディショナル店が一〇〇〜一五〇店で残りはサテライト店だ」といえば、これが単なる計画ではなく、容易に実現する数字であることはおわかりいただけるだろう。

しかも、この間の価格引き下げと並んで、低い売上げでも出店可能となり、多様な立地に出店できるようになったため、マクドナルド一店あたりの商圏はきわめて小さくなっている。とくに都市部では、人の動きが複雑に入り組んでいるため、商圏は網の目のように細かいピンポイントで見ていく必要が出てきた。

現実に、都心部は飽和状態だというけれども、月商一〇〇〇万円規模ならば充分可能な立地はいくらでもある。

本年七月、わたしは、マクドナルド発祥の地、銀座に久々に大きい一五〇〇号店を出した。

これで銀座には三店舗となったが、まだあと四～五店、出さなければならないと思っている。なんといっても花の銀座である、それこそ一〇〇メートルおきにマクドナルドがあっていいのだ。

かつては人口一〇万人に一～二店と考えていたが、いまは五万人を切っても出せる自信がある。将来的には三万人程度でもトラディショナル店一店、サテライト店二店を配置していけば、そのエリア内で五～六パーセントの飲食マーケット・シェアがとれるのだ。

もはや飽和状態だなどというなかれ。ビッグな店作りからスリムな店作りへの戦略転換でマーケットは無限に拡がるといっても過言ではない。

今年も、価格破壊を行なうのはマクドナルドだけで、競争相手も出現しないままつっ走るといわれてきたが、ことほどに国内市場の状況はマクドナルドの寡占状態に近づいている。いまマーケット全体のシェアは約五〇〇〇億円。今年マクドナルドが三〇〇〇億円売ると六〇パーセントを占めることになる。

わたしは、こんな状態をよしとしてはいない。他社ももっと強くなってほしいと願っている。勝てば官軍的増上慢《ぞうじょうまん》からではない。企業は自由競争あってこそ成長していくのである。わたしは熾烈なビジネス戦争を闘いたいのである。

第2章

デン・フジタの成功の法則

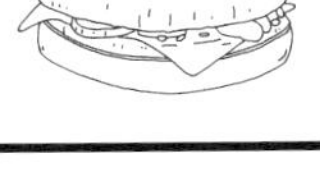

6

金持ちの間で流行させることを考えよ

わたしの成功の基盤には、「宇宙はすべて七八対二二に分割されている」という大原則が、厳としてある。

「この原則(法則)をはずれたら、金儲けはできない。儲けたくないのなら、なにをやってもいい。世の中には、石をきざんで喜んでいる人もいるのだから。でも、儲けたいなら、けっして原則をはずれてはいけない」と、欧米の名だたる商人たちから教えられたのだ。

たとえば、空気の成分は窒素七八に対して酸素その他のもの二二の割合になっている。人為的に「窒素六〇、酸素四〇」の空間をつくりだしたところで、人間はそのような空間では生活できない。また面積を一〇〇とする正方形に内接する円の面積は七八・五、正方形の残りの面積は二一・五である。

空気も正方形もそれに内接する円も、みな自然界に存在している現実である。その割合がすべて七八対二二——厳密にいうと、プラスマイナス一の誤差があるから、ときには七九対二一になり、ときには七八・五対二一・五になることもある——だということは、これは宇宙の法則、不変真理の法則なのである。

また、世の中には「金を貸したい人」が多いか、「金を借りたい人」が多いかといえば、「貸したい人」のほうが断然多い。

一般には「借りたい人」のほうが多いと思われているようだが、サラリーマンでも、「儲かる」となれば「貸す」という人が圧倒的に多いはずだし、マンション投資などのインチキ金融にひっかかる人が後を絶たないように、事実は逆で、「借りたい人」より「貸したい人」のほうが多いのだ。

銀行が成り立っているのは、言いかえれば多くの預金者から金を借りて一部の人に貸しているからである。この世の中は「貸したい人」七八に対して「借りたい人」二二の割合で成り立っているといえるのだ。

金持ちから儲けることを考えよ

金はある手から洩れてくる。金の絶対数がないところでは、いくら知恵をしぼっても洩れてきはしないのである。

なんであれ、ビジネスは現実に金を持っている人から取らないとなりたたない。金を持っていない人びとを相手にしていては、どんなにあがいても商売できるものではない。

その意味でわたしは、毎年、税務署に確定申告をする年収二〇〇〇万円以上の人びとが基本的なお得意さんだと考えている。このクラスの人を相手にすれば、はっきりいってかなり儲けさせてもらえる。

一般大衆にくらべて、数こそ少ないが、金持ちが持っている金のほうが圧倒的に多い。宇宙の大法則に従えば、一般大衆の持っている金を二二とすれば金持ちのそれは七八だからである。

「現実に金を持っている人を相手にして、ちょっとしたお金持ちならかならず欲しがって、しかも現実に手の届くものを売ること」、それこそが商売の秘訣なのである。

その意味では、日本人は相対的に豊かになって、他の国にくらべればお金持ちになっているから、金儲けはやりやすいのである。発展途上国での金儲けがむずかしいのは、金持ちの絶対数が少ないからなのだ。

金持ちの間で流行するものは息が長い

流行には、金持ちの間からはやりだして大衆に拡がっていくものと、大衆のなかから起こってくるものとがある。この二つの流行をくらべると、金持ちの間から起こってくる流行のほうが圧倒的に息が長い。大衆の間から爆発的に起こってくる流行は、すぐに消えてしまう。

金持ちの間で流行したものが、大衆のところに流れてくるには、だいたい二年ほどかかる。ということは、金持ちの間にある商品を流行させれば、二年間はその商品で商売できるということだ。金持ちの間で流行させる商品は、なんといっても世界の一流品が一番である。日本人が海外ブランドに弱いことはいうまでもないが、金持ちになればなるほど一流品コンプレックスは根強い。最近は、コギャルまでがシャネラーぶっているのは行きすぎだと思うが……。

品質はむしろ国産品のほうがよいとわかっていても、日本人は倍以上も高い金を払って輸入品を買おうとする。つまり、高い正札をぶらさげていても、日本人は喜んで買ってくれる。

人間はだれしも、自分より一つ上のクラスを見て、せめてその程度の生活はしたいものだと考えるものである。金持ちや上流階級は、大衆にとってはあこがれのまとである。金持ちが持っているものは自分も持ちたいと思っている。

「玉の輿《こし》に乗る」という言葉があるが、人間は不思議なもので、自分より地位も低く財産もない者に対しては、けっしてあこがれの感情などは持たないものである。金銭がすべてではないにしても、上流階級が〝流行品〟に及ぼす影響力は否定できない。

上流階級にあこがれる傾向は、とくに女性に強いが、男性でも一流好み、デラックス好み、貴族趣味などという人は意外に多い。

この心理を利用して、まず第一級のクラスの金持ちに、ある高級輸入品を流行させる。そのクラスにあこがれている次の金持ちクラスの人が、たとえば数の上で二倍いたとすると、その人たちがその流行品を手に入れたときには、商品は当初の二倍売れたことになる。そしてまた、その次のクラスに流行が進《すす》んだとき、商品の売れ行きは四倍に伸びる。

このようにして、ブームはしだいに大衆のほうに流れていくわけだが、その期間がほぼ二年なのである。流行が大衆化していくにしたがって値段も下がっていくが、そのときには、わたしはその商品から手を引いているのである。

山のてっぺんからモノを落とすのと、山のすそからモノを転がすのと、どっちがやりやすいかというと、当然、てっぺんから流したほうがいいにきまっている。二七年も前に、デパートを説得してダイヤモンドを売り出して大ヒットさせたのを手始めに、わたしは、この法則を守って成功した。

7

「女」と「口」を狙え

商売には究極のところターゲットは二つしかない。「女」と「口」を狙う商売である。男は働いて金を稼いでくる。女は男が稼いできた金を使って生活を成り立たせる。これは古今東西を問わず「真理」である。「公理」である。商才が人並み以上にあると思う人は、女を狙って商売すれば必ず成功する。

「男」から金を巻き上げるのは「女」を相手にするより十倍以上もむずかしい。なぜならば、給料は銀行振込で、小遣いは妻からもらっているというサラリーマンが圧倒的に多いように、男は金を消費する権限を持っていないからである。

それに反して女は稼ぐ苦労を知らないからムダな金を使う可能性がある。商売とは、他人の金を巻き上げることだ。儲けようと思えば女を狙い、女の持っている金を奪うことである。

女はだれでもみな、美しくなりたいと思っている。化粧をして飾りたてれば美しくなれると思い込んでいる。不美人だけがそう思うのではない。ある美容整形医によれば、整形に来るのは「両親からいただいた立派な顔があって、どこをなおすんだ、なおす必要ないじゃないか」というような美人が多く、整形したほうがいいような人はかえって来ないそうだ。

女は化粧品にも金を惜《お》しまない。どんな不美人でも口紅をつける。いろんな化粧品で顔を塗りたてる。どうせ土台が悪いんだからよくなるわけもないのに、高い化粧品代を払って化けようとする。あるいは貴金属を身にまとう。別に飾りたてたからといって人間の値打ちが上がるわけではないのだが、女は、そういうふうに飾る動物なのだ。飾らなければきれいに見えない動物なのだ。古くは天岩屋戸《あまのいわやと》の前で踊った天鈿女命《あまのうずめのみこと》も曲玉をつけて飾り立てていたではないか。これはいうならば女が神様から与えられた「負の遺産」である。だから、女がその「負の遺産」を持ちつづけるかぎり、女は狙いやすい。

妖しくきらめくダイヤモンド、指輪、ブローチ、ネックレス、ブランド物の高級ハンドバッグ、豪華なドレスや流行の先端をいくファッション、高級化粧品――それらのすべてが、あふれるばかりの利潤をぶらさげて待っているのである。

とはいえ、女を狙うには商品の選択からセールスまで、ある程度の才能が必要である。そこへいくと「口」に入れるモノを扱う商売は、さしたる商才を必要とはしない。会社勤めにあきたらず、脱サラを夢見る人のほとんどがまず、「喫茶店でもやるか」「ラーメン屋でもやるか」と考えるように、だ。

口に入ったものは必ず消化され、排出される。一個一〇〇円のアイスクリームも、一枚一万円のステーキも、数時間後には排泄物となる。つまり、口に入れられた商品は刻々《こくこく》と消費され、何時間か後にはつぎの商品が必要になってくる。

売られた商品がその日のうちに消費され、排出されていく。こんな商品はほかにはない。土曜日も日曜日も、一日の休みもなく稼いでくれるのは銀行預金の利息と「口に入れる商品」だけだ。だから確実に儲かる。太古の昔から「口に入れるモノを扱う商売」は、かならず金が入って儲かる商売なのである。

「女の口」を狙って大成功

わたしは、戦後長い間、ハンドバッグやダイヤモンドなど「女」を狙う商売をやってきたが、一九七一(昭和四六)年から「口」を狙う商売に手を出した。アメリカ最大のハンバーガー・チェーンのマクドナルド社と提携して、日本人にハンバーガーを安く食べさせる会社、日本マクドナルドをつくったのである。

七一年七月二〇日、銀座三越一階に第一号店をオープンしたとき、三越側の計算では売り上げは一日一五万円、うまくいって二〇万円という予想だった。わたしは一日四〇〇〇食とふんでいた。ハンバーガーは当時、一個八〇円だから四〇〇〇食だと三二万円、端数を切り捨てて一日三〇万円売れるだろうと予想したのだ。ところがフタをあけてみると三〇万円どころか、一〇〇万円の売り上げを記録したのである。それも初日だけではない。連日である。

それでも当初は、米と魚を食べている日本人がパンと肉のハンバーガーをいつまで食べるか、物珍しさがなくなれば終わりだといわれたものだ。しかし、わたしは、日本人の米の消費量は年々減少し、日本人の食習慣も大きく変化している、ハンバーガーはその変化に応えた食べ物なのだ、だからかならず成功すると確信していた。

それから二五年、マクドナルドは、毎年、売上高を更新して上昇一途の快進撃を続けている。二五年前にハンバーガーを初めて食べた女の子が、いまは母親となって、子どもたちといっしょにハンバーガーを食べているのである。

口にモノを入れる商売にはさして商才を必要としないといった。それならば、わたしがハンバーガーで成功したことと、わたしの商才とは関係ないではないか、世の中はすべて勝てば官軍、うまくいったからなんでもいえるなどというのは、負け犬の遠吠えというものだ。

たしかにハンバーガーは直接的には「口」を狙った商品である。だがしかし、わたしが意図的に狙ったその「口」は、単なる「口」ではない。グルメ・ブームでもわかるように、食の流行は女が男をリードする。男は女が「おいしい」といえばそうかと思ってついていくものだ。わたしが狙ったのは「女の口」、正確にいえば「女」と「口」である。

いま、「マルチメディア」関連のビジネスが脚光を浴びているが、簡単に儲かる商売は二つしかない。「女」関係と「口」関係だという太古以来の法則は、時代がどう変わろうとも永久に不滅なのである。

8 金に「きれい」、「汚い」はない

徳川二六〇年の封建制度の基盤は農業、すなわちコメであった。武士階級は農民からコメを年貢《ねんぐ》として取り立てることで支配者として君臨してきた。

商業は、その支配の基盤をゆるがす危険なものだった。だから、ときには田沼意次の時代のように、商品経済がとって替《か》わったように見えても、それは一時のことで、松平定信が農本主義に回帰させてしまうのである。

武士階級が支配のイデオロギーとした農本主義的意識は、徳川封建制が滅んで資本主義化した一五〇年後のいまも、日本人の意識の根底にどっかと根を下ろしている。その典型

的なあらわれが、「金」に対する意識である。

日本人は「金」というと、すぐに「きれいな金」か「汚い金」かという。金を儲けることを軽蔑する。しかし、そんな考え方が世界に通用しないことはいうまでもない。

資本主義社会では、金がすべてである。金さえあれば、人生の問題の九九パーセントは解決する。それが資本主義というものだ。日本人はまず「金」に対する農本主義的な考え方を捨て、金儲けができないのはバカだと思うようにならなければならない。

「きれいな金」と「汚い金」といった金銭観は、いいかえれば「法」を守っているかいないかという一種の倫理観に発している。その倫理観は、これもまた徳川二六〇年の産物だが、「法は完璧だ」という思い込みの上にできあがったものだ。

だが、どんな法律も人間がつくったものだ。万人に等しく適応して、一〇〇パーセント完璧ということは絶対にありえない。いかなる秀才が知恵をしぼってつくろうとも、法律はすべての人間を規制することは不可能である。大多数は規制できても、かならず規制できない部分がある。それをアメリカで「ループホール」という。日本語に訳せば「穴」である。いや、「例外」といったほうがいいか。そのループホールをつけば金が儲かるというので、アメリカにはループホール専門の弁護士がいる。

というと、日本人には「法の抜け道」をいく悪徳弁護士に見えるだろうが、「この法律にはこういうループホールがありますよ、やりませんか」というのはまったく合法なのである。法の「ループホール」をついて、例外条項に該当するように考え、税金を低くすることは決して脱税ではないのである。政府のほうは、そのループホールをつく人が多くなると、ネズミの穴をうめるように法を修正するのである。

ループホールをつかなくても、法律の範囲内で知恵を働かせるのは当然の行為である。

たとえば、バブル期に買っていたゴルフ会員権を、値下がりしたいま、やむなく手離したとしよう。儲けが出れば、資産の譲渡による所得として譲渡所得の対象となるが、このケースのように赤字が出た場合には、他の所得と通算できるので、確定申告のときに、赤字分を他の所得から差し引いて申告すれば、税金がその分、少なくなるのである。

これは、土地や建物の場合にも適用できるので、堂々と申告すればよいのだ。

取られたら取り戻す、は鉄則である。

よほどのへそまがりでないかぎり人間はみな、金がほしい、儲けたいと思っているはずである。「世の中で金と女は仇なり、早く仇にめぐりあいたい」という戯れ歌があるが、その通り、みんな「早く仇にめぐりあいたい」のである。

となれば、「きれいな金」、「汚い金」といった金銭観はすぐさまきれいさっぱり捨ててしまうことだ。捨ててしまって、金儲けは人生の最重要事項だと心得ることだ。

だから、政治家にたのんだほうが有利だという場合はたのんだほうがいい。合法的な政治献金でも「悪」だと聖人君子ぶっていては、金儲けのチャンスを逸することにもなる。政治家と政治的信条が違うから政治献金をしてまでたのまないという人もいるが、政治とビジネスはまったく無関係である。

金儲けにイデオロギーはいらないのである。

9 金銭感覚は子どものときから養うべし

アメリカの子どもの金銭感覚はきわめてシャープである。なぜならば、彼らには、日本の子どものように手を出せば一万円札をのせてくれるような大人はいないから、金を得るためには働かなければならないからだ。

親は子どもに、朝、新聞をとってきたらいくら、お使いに行ったらいくらというように、働かなければ金は入ってこないということを小さいときから徹底的に教え込む。だから子どもたちは、一セントの重みを肌で感じる。

わたしが、アメリカに行って痛感するのはチップの額だ。アメリカのホテルでボーイに出すチップは二〇年前、三〇年前と変わらず、いまも二、三ドルである。

ところがわたしは、つい日本的感覚で一〇ドルくらい出してしまうことがしばしばあるのだが、そうするとボーイはたちまち親切になる。部屋に入ってきて窓を開け、ライトをつけ、お酒を飲むのに氷がいるか、なにかもってくるものはないかなどと、こちらが驚《おどろ》くほどなのだ。二、三ドルといえば日本円にすれば二〇〇円か三〇〇円なのだが、彼らは、幼いときからの金銭教育で、一ドルでも積もれば山となることを骨身にしみて知っているのだ。

ところが日本の子どもはどうだ。お年玉なんかは一万円札でないとダメ、千円札にはそっぽを向いてしまう。まして一円玉など、落ちていても拾おうとする子どもはまずいない。それをまた親もごく当たり前に思っているのか、なんの意見もしない。子どもが「千円札はいらない」とダダをこねれば「じゃあ」といって一万円札と取り替えてやる。

日本でも昔は「一銭を笑うものは一銭に泣く」とか「チリも積もれば山となる」といった諺が、一つの処世訓というか、金銭哲学として力をもっていて、わたしなど、子どものときには親から口がすっぱくなるほど言い聞かされていたものだ。ところが最近は、こんな金銭哲学はまったく力を失ってしまっているのだ。

しかし、これは大問題である。日本の貨幣の単位は「一円」からはじまる。それなのに一円玉が落ちていてもだれも見向きもしないというのは、日本人は子どものときから自分の国の貨幣の単位をバカにしているということである。

どうしてこんなことになってしまったのか。答えは簡単である。

わたしたちの若いころは、働く機会が少なかったので、金銭感覚がとてもシャープだった。「一銭を笑うものは一銭に泣く」という諺が、身にしみていた。ところが、いまは、食べるものも着るものも豊富で、努力しなくとも簡単に手に入るし、アルバイトで簡単に稼ぐこともできる。しかもそれに加えて、アメリカとくらべれば、日本の物価はバカ高いという現実がある。アメリカならば一〇ドルでもかなりの使いでがあるが、日本だと一〇〇〇円ではちょっとしたものは買えない。だから、子どもたちの一円に対する金銭感覚も鈍くなってしまっているのだ。

こういう子どもたちが大きくなって会社に勤めるようになると、どうなるか。

月曜日に休む奴はクビだ!

わたしは、週休二日制なのに、月曜日に休む奴は最低だと思っている。社員にも、絶対に月曜日休んではダメだ、月曜に休むのなら出社に及ばずときつく言い渡している。だってそうではないか。土曜日、日曜日と休めば、その間に仕事はたまっているのである。月曜日は、普通の曜日よりも忙しいのである。それなのに、ちょっと頭が痛いとか足が痛いとかいって休まれたのでは、たまったものではない。

ところが、最近の若者を見ていると、平気で休む。休んで叱られると、そんなにいうなら会社を辞める、よそに行ってもメシは食えるんだ、と居直《い》る。

たしかに最近、職業は「フリーター」という若者が多いが、勝手気ままにふるまっても金は入ってくる、メシは食える。それが「自由な生き方」だと思い込んでいる。若者だけではない、新聞や雑誌の投書欄など見ていると、五〇歳すぎて「フリーター」という肩書をつけている人も少なくはない。わたしにいわせれば、「フリーター」とは昔の無職、遊民である。それなのに、なにかれっきとした職業であるように思い込んでいるのは、若者たちが小さいときから過保護で、「一銭を笑うものは一銭に泣く」というシビアな金銭感覚をだれからも教えられていないことの表れなのだ。

もちろん、そこには日本の物価の平準化、なんとか世界の物価に近づけていかなければならないという問題や、一円はもはや貨幣の最低単位にはならないからデノミネーションを断行しなければ金のありがたみがないという問題があることは、百も承知である。

しかし、それは「金銭感覚」とは別の話である。子どものときに鋭い「金銭感覚」を身につけておかなければ、起業家になんぞなれるものか。いや、普通のサラリーマンとしても失格なのだ。

アメリカには、建国以来の「勤勉、倹約、努力」という精神が脈々と生きている。だからこそ、若い人たちのなかから〝アメリカン・ドリーム〟を実現する起業家たちがどんどん生まれてきているのだ。

ウチの子どもはこのままでよいのかと、わたしは、親の世代に考えてもらいたい。いま大人たちが考え、子どもたちの「金銭感覚」を鋭くする教育をしなければ、日本に前途はないと思うからだ。

10 数字に強くなれ

ビジネスマンが数字に強くなければならないのは当然のことである。たとえば日本人は「今日はバカに暑いですね」とか「少し寒くなったようですな」とか、感覚的で曖昧ないいまわしをするが、そういう曖昧なことでは成功はおぼつかない。

外気の温度は何度、室内の温度は何度と数字で示すデジタル温度計がある。その温度計を見ると、温度差がはっきり数字であらわれている。人間の精神活動にもっとも適切な温度は摂氏一八度だといわれている。とすれば、部屋の温度を二三度にする必要はない。勉強するときには一八度ぐらいにしておき、テレビを見たり友達としゃべったりするときは二三度ぐらいにすればいいのである。

あるいは、水が一番おいしいのは摂氏四度である。口のなかに入ってくるモノが一番おいしいのは摂氏六二度である。そういうことを知っている必要がある。ただ漠然と「うまい」とか「まずい」とかいっていてもしようがないのだ。

だから、わたしは朝起きるとすぐに、外気と室内の温度差が何度かと、温度計の数字を読む。そして、外はマイナス一度で室内は一五度になっているとすれば、その差は一六度もある、防寒具を持って出ないと風邪を引いてしまうといったように考える。

時計を見て、いま何時何分かを正確に確かめることもいうまでもない。その時計も、時間がアバウトになりがちなアナログではなく、デジタルできっちりと数字を出すようにしないと、金儲けなどできない。

マクドナルドの冷凍冷蔵庫の温度計もすべてデジタル方式に変えたので、マイナス二〇度にきっちり保つことができるようになった。

数字に慣れ、強くなることは、金儲けの基本なのである。もしも、金儲けをしたいと思うならば、ふだんの生活のなかに数字を持ち込んで、数字に慣れ親しむことが大切である。生活のなかでは数字とは無縁でいて、商売のときだけ数字を持ち出してくるのでは遅すぎる。

ところが日本人は、何事によらず、理論的に解明できないことに出くわすと「不思議ですねえ」と首をひねる。ひねるだけで、それ以上にはなにも解明しようとはしない。たしかに、日常生活には「理屈では割り切れない」ように見えることはとても多い。わたしにいわせれば、だから日本人は金儲けが下手なのだ。

そもそも「不思議」というのは数字の単位である。数字であるからには、理論的に解明できるのだ。

数字の単位をあげてみよう。

一、十、百、千、万……億、兆、京。ここまでは、誰でもわかる。問題はその先だ。京の次は垓《がい》、それから順に、秭《じょ》、穣《じょう》、溝《こう》、澗《かん》、正《せい》、載《さい》、極《きょく》、恒河沙《ごうがしゃ》、阿僧祇《あそうぎ》、那由他《なゆた》、不可《ふか》思議《しぎ》と、ちゃんと数字の単位として存在するのだ。不可思議の次が無量大数《むりょうたいすう》。（吉田光由《よしだみつよし》『塵劫記《じんこうき》』による。次ページの表を参照のこと）

つまり「不可思議」はケタが非常に大きいが、無量大数よりは小さな数字である。数字に弱い日本人に、不可思議が数字の単位だと答えることのできる人が何人いるだろうか。

塵劫記《じんこうき》の記数法

	名称	読み		名称	読み
10^{-1}	**分**	ぶ	1	**一(壱)**	いち
10^{-2}	**厘**	りん	10	**十(拾)**	じゅう
10^{-3}	**毛**	もう	10^{2}	**百**	ひゃく
10^{-4}	**糸(絲)**	し	10^{3}	**千**	せん
10^{-5}	**忽**	こつ	10^{4}	**万(萬)**	まん
10^{-6}	**微**	び	10^{8}	**億**	おく
10^{-7}	**繊**	せん	10^{12}	**兆**	ちょう
10^{-8}	**沙**	しゃ	10^{16}	**京**	けい
10^{-9}	**塵**	じん	10^{20}	**垓**	がい
10^{-10}	**埃**	あい	10^{24}	**秭**	じょ
10^{-11}	**渺**	びょう	10^{28}	**穣**	じょう
10^{-12}	**莫**	ばく	10^{32}	**溝**	こう
10^{-13}	**模糊**	もこ	10^{36}	**澗**	かん
10^{-14}	**逡巡**	しゅんじゅん	10^{40}	**正**	せい
10^{-15}	**須臾**	しゅゆ	10^{44}	**載**	さい
10^{-16}	**瞬息**	しゅんそく	10^{48}	**極**	きょく(ごく)
10^{-17}	**弾指**	だんし	10^{52}	**恒河沙**	ごうがしゃ
10^{-18}	**刹那**	せつな	10^{56}	**阿僧祇**	あそうぎ
10^{-19}	**六徳**	りっとく	10^{60}	**那由他**	なゆた
10^{-20}	**空虚**	くうきょ	10^{64}	**不可思議**	ふかしぎ
10^{-21}	**清浄**	せいじょう	10^{68}	**無量大数**	むりょうたいすう

『塵劫記』

吉田光由が1627年に著した和算書。寺子屋や藩校の教科書として、あるいは商人の参考書として読み続けられた。西洋の数字が入ってくる明治のはじめまでの国民的な参考書であった。

数字というものは、具体的な形で見えるものではないが、生活のなかで慣れ親しむようにしなければならない。

11 電卓があっても暗算には強くなれ

最近は電卓があるから暗算は不要だというようになりつつあるが、それは大きな間違いである。逆に、世の中はますます忙しくなってくるのだから、ますます暗算に強くならなければならないのである。

いちいちそんなこと、面倒くさいというなかれ、である。日本人は子どものころから二×二が四、二×三が六と「九九《くく》」をやっていて、それを日常生活では無意識のうちに使っているではないか。「九九」という計算方法は外国にはない。わたしたちは、計算が早くできるノウハウを持っているのだ。仕事をする上で、これはたいへん有利なことである。

暗算には、また別の利点もある。暗算に強くなるということは、頭のなかで物事を論理的に明快に整理し、素早く結論を出すことができるということでもある。何か事件が起きたとき、その事件にまつわるさまざまな事象を整理し分析して、なぜこういうことが起きたのか、原因はこの二つじゃないか、といったように集約する能力を養うということである。

さまざまな問題が複雑に入り組んで、いってみれば星雲状態にあるのは、事件だけに限らない。ビジネスもまたそうである。ビジネスに勝つかどうかは、その星雲状態をどのように集約し整理し分析するかにかかっている。星雲状態のなかで思い悩んだとき、あれもあるこれもあると、さまざまな問題を列挙するだけではなく、それを整理して箇条書きにしていけば、なにが原因であり、なにが問題を解く中心であるかが明確になってくる。自分を客観視することができる。

わたしのところには、しばしば「金が欲しい。金を儲ける方法を教えてくれ」という人が現れる。そういうとき、わたしは「いつまでにいくら欲しいのか」と質問する。ところが、たいていの人は、その質問に答えられない。儲けたいという気持ちはあっても、自分のおかれている状態や条件を分析していないからだ。

しかし、そういうことでは金は儲からないのである。わたしも、「三年以内に自分は一〇〇〇万円欲しい。元金はいくらある、どうすればいいか」といってくれれば、それを集約し整理して、こうすれば儲かると教えてあげられるが、ただ漠然と「金が欲しい」というだけでは、なにも教えられないのである。

12 簿記3級の資格は必須である

事業を永遠に続けていくためには将来の人材を養成しなければならない。組織のなかの誰がいなくなってもすぐその穴をうめられる代役をつねに育てていなければならない。だから、わたしは、社員を徹底的に教育する。大学を出たからそれで教育は終わりなどということは、わたしの会社ではありえない。教育は死ぬまで続くのである。

その教育の内容はなにかといえば、資本主義の基本である「数字」の教育である。

わが社の社員は、わたしにいわせれば最低「簿記三級」の資格をもっていなければならない。わたしは、社員がその資格をとるように、講師を呼び勉強させた。その結果、合格者は八〇パーセントだった。わたしは、あんなやさしい試験なのになぜ二〇パーセントも不合格なのだろうと不思議だったのだが、考えてみると、大学出にとって簿記は勉強すべき対象ではないという社会的な通念から抜けきれていないからなのだ。

わたしが、わが社の社員は全員「簿記三級」の資格を取るべきだ、取れといったのは、わたしが幹部社員だと思っている社員が、ある日突然、「社長、減価償却ってなんですか」と聞いたことにはじまる。

「エッ?! 減価償却を知らないの」、「知りません」

わたしは彼の質問に答えるよりもなによりも、彼が「減価償却」のなんたるかを知らないという事実に愕然としてしまったのだが、気をとりなおして説明し、「じゃあ、キャッシュフローって知ってるか」と訊《き》いてみた。案の定、「知りません」という。

減価償却もキャッシュフローも、仕事をしていく上では大切な知識だ。とくにキャッシュフローは、帳簿上の数字はマイナスでも、それがプラスであれば商売がなりたつケースがあるので、それがわからなければ仕事はできない。

わたしは、簿記という言葉が悪いのだなと思った。簿記といえば、ソロバン時代を連想させるし、ただ丹念に記帳して加減乗除をやった結果が合えばいいという、家計簿的な発想しかないのだ。商業学校の一科目のように低くみられてしまう。わたしにいわせればその家計簿でも、このマンションの減価償却はいくらで何年で返していう計算ができなければ無意味なのである。それなのに……。

わたしは、簿記というのは経営計数学なのであって、会社を経営していくためには絶対必要なものなのだ、これができなければ、将来を「読む」ことはできないのだということをこんこんと説明して、幹部社員全員に「簿記三級」の資格を取るようにと〝命令〟したのだ。

そんな面倒なことをしなくても、社員はよく働けばそれでよいのだという発想をわたしはとらない。社員の成長なくして会社の永遠の発展はありえないのである。

13 外国語に強くなれ

日本語は、日本という島国に住む一億二五〇〇万人にしか通用しない、まったく特殊な言葉である。しかも、たとえば「雨」という文字は、一字ならば「あめ」、「五月雨」と書けば「さみだれ」、「時雨」と書けば「しぐれ」、「雨天」と書けば「うてん」となり、「雨傘」と書けば「あまがさ」となる。日本人はだれもこれを「アメテン」とか「アメガサ」と読む人はいない。それほど、日本人の頭のなかはコンピューター化され、切り替えが瞬時にできるのである。この言葉にたいする敏感さは、とても大きな力なのである。

わたしはアメリカ人に「I is ninth」という英語を知っているかと聞いてからかうことがある。彼らは「主語が〝I〟ならば動詞は〝am〟だ、そんな英語はない」という。そうかな、「ninth」は九番目だ、「I」はアルファベットの九番目、だから「I is ninth」だろ、というと、「まいったなあ」と大笑いする。英語の難しさというのはその程度のものなのだ。「生」という文字の読み方が七〇通りもあるような日本語の難しさからいえば、ほんとうにたいしたことはない。

それなのになぜ日本語よりも簡単な英語ができないのか、わたしには不思議でならない。日本語しか話せないということは、その人間の考え方は儒教か仏教精神を基盤としてしか展開できないということと同じである。たまたま儒教や仏教にまったく素養のない相手にぶつかると、意思の疎通を欠き、しばしば対応の方法がわからなくなって立ち往生してしまう。

江戸時代、ロシア船が蝦夷地に来て通商を求めた一八世紀末あたりから、知識人の一群はまずオランダ語を学び、海外の文化文明を吸収しようとした。厳しい鎖国の掟に、高野長英はじめ多くの蘭学者たちは、あるいは獄死し、あるいは自殺し、あるいは貧窮のどん底に喘《あえ》いだが、やがて蘭学から英語へと世界への目を広げていった。外国語を学ぶところからはじまった世界への目の広がりは、明治維新後の近代国家日本の建設になくてはならないものだった。

その日本の「洋学」の発展をふりかえってみると、医学や物理学、化学といった自然科学を学ぶことすら、儒教や仏教を基盤とした日本の伝統的な思考・精神・政治・社会秩序との戦いだった。江戸時代はさておいても、たとえば夏目漱石や森鷗外の小説を読めばわかるように、明治の西欧化、近代化のなかで日本人はどれほど苦闘したことか。しかし、明治人たちは、英語、ドイツ語、フランス語を、悪戦苦闘しながら日本語にうつしかえ、西欧近代文明・文化を根づかせていったのだ。

それを思えば、いま、日本人がいぜんとして儒教精神にとらわれていることが、わたしには不思議でならない。日常生活の隅々まで西欧文明が浸透し、あらゆる面で世界の最先端のものを受け入れているのに、なぜ言葉は、日本語でしかないのだろうか。

いまだに「俺は語学には弱い」という人が多いが、男と女の言葉、目上の人に対する言葉、子どもに対する言葉の区別があり、その使い分けが即座にできて、しかも「きゃ・きゅ・きょ」とか「ぴゃ・ぴゅ・ぴょ」といった難しい発音も自在にできる。そんな日本人が、あの簡単な英語ができないということは、日本人がいぜんとして江戸時代の儒教的な思考構造にからめとられているからなのだ。

しかもそれに、いざとなれば〝島国〟にとじこもって自給自足すればなんとかなるだろという単一民族一言語の精神的な〝鎖国根性〟が加わっている。

日本語以外の思考法を獲得せよ

しかし、いまや、世界は経済も人の動きも国境を越えている時代である。いわゆる〝難民〟と呼ばれる膨大な人間を含めて、先進国から発展途上国へ、発展途上国から先進国へと、人びとは移動し、それに加えてインターネットで世界中が一つになりつつあるボーダレスの時代である。

ヨーロッパをはじめ、国と国とを往き来するのにビザなど不用になりつつある時代である。そんな時代に日本語しかできないというのでは、世界とのコミュニケーションはまったくできない。金儲けなどは論外といわざるをえない。

インターネットでも英語は必要である。金儲けを志すならば、せめて英語ぐらいは自在にあやつれなくてはならない。なにか事業を起こしてという野心はなくとも、少なくとも都会に住んで仕事をしようというならば、最低、英語ができなければダメだ。いや、わたしにいわせれば、もう一ヵ国語をマスターしておかなければならない。ヨーロッパで仕事をしたい人はフランス語を、南米で仕事をしたい人はスペイン語をやるといったように、英語プラス、フランス語でもいいしスペイン語でもいい、あるいは英語プラス中国語でもいい。とにかく二ヵ国語くらいは知っていなくてはならない。

そのためには、ただ単に会話の勉強をするというのではなくて、それぞれの言語が基盤にしているものの考え方や宗教についてもある程度は勉強しなくてはならない。なぜならば、日本語が儒教的考え方を基盤にしているように、西欧文明を生み出した英語もフランス語も、キリスト教的考え方を基盤にしているからだ。

これをある程度知っていれば、外国語はかなり自由にしゃべれるようになる。相手の言っていることが理解できるようになり、自分もまた同じような思考方法ができるようになるからだ。

日本人は、自分の意見を率直にいわないとか、なにかというと曖昧な笑いでごまかすとかいわれるが、それは基本的に日本的な思考から脱けきれないからなのだ。

外国語では主語＋動詞だが、日本語では動詞が語尾にくることを思い出してほしい。「わたしは、日本人……」というとき、「……」の部分は否定なのか肯定《こうてい》なのか、最後の動詞がくるまでわからない。

そんな言葉の構造を「わたしは、である。……」と、まず肯定か否定を明らかにする外国語をしゃべる人たちが曖昧だと思うのは当然なのである。

さまざまな分野の仕事で世界の第一線に立っている人で、五ヵ国語、六ヵ国語を話す人は多い。外国語を何ヵ国語もマスターしているということは、それだけいろいろな立場でものを考えることができるので、正確な判断ができるというわけだ。「三人寄れば文殊の知恵」ということわざがあるが、一人で三ヵ国語を知っていれば「文殊の知恵」どころか、もっとすばらしいアイデアがでてくるのだ。

ますます世界との交流が広く頻繁になる二一世紀は目前なのだ。外国人と対等に交渉するためには、英語は最低限の必要条件なのである。

14 24時間メモをとれ

ベッドルーム、風呂場、トイレット、食卓、リビングルーム——と、わたしの家には、いたるところにメモ用紙と鉛筆がおいてある。メモ用紙といっても、新聞に入っている広告とか不要になったカレンダーを、手があいているときに小さく切ってメモ用紙にするのである。わたしが、テレビを見ていても、食事中でも、本を読みながらでも、寝ているときでも、いつでもどこでも思い出したり思いついたりしたことをすぐにメモするからである。メモをとるのは、わが家にいるときだけではない。人と話をしているときでも、これはいい話だな、ヒントになるなと思えばメモをとる。

そのメモを、わたしは毎日見る。一週間ごとにまとめて整理して見直して、この話はこうなったな、この話はどうなっているのかと点検する。人の名前など、覚えるまでメモをもっている。二年前に亡くなった母の戒名をどうしても覚えられないので、そのメモはいまだにもっているといったぐあいに、だ。

たった一枚のメモにわたしの全生活が入っているといってもいい。

だから、わたしは手帳は持っていないが、メモ用紙はかならず持っている。しかも、わたしがメモをとるのはメモ用紙にというだけではない。誰かと食事をしているときに、あ、これはメモしておこうということがあれば、たとえば割り箸の袋にメモをする。マッチの箱にもメモをする。

とかく日本人には、重要なことを聞き流し、うろおぼえのままですませてしまう悪癖がある。ときにはわざと曖昧さをおとぼけに利用することすらある。だが、ビジネスに曖昧さは禁物なのだ。

話の要点は、きちっと記録しておくことが必要なのである。それは手帳でなく一枚のメモ用紙でもいいのである。

アメリカ人もよく「おまえはメモ魔だなあ。メモばかりとっているじゃないか」と呆れるが、わたしにとってメモをとるのは子どものころからの習慣なのだ。わたしは、子どものころから記憶のいいほうであまり物忘れはしなかったのだが、いま考えてみるとそれは、わたしにそういう習慣があったからだ。

いまでも、人は「藤田さんは記憶力がいい、よくおぼえている」というけれども、それは「おぼえている」からではなくて「物忘れ防止法」を知っているからなのである。

あらゆる雑学はビジネスに役立つ

メモをとることは、人生を豊かにするためには欠かせない「雑学の吸収」ということでもある。自分は法律だけ知っていればいい、経済学だけ知っていればいい、というのではなくて、世の中のありとあらゆることを知っていなければ、人生は豊かにならないし、仕事を成功させることもできないのである。

その一例をあげてみよう。

マクドナルドの売上げが甲府でとてもいい成績なので、その理由をいろいろな人に訊ねてみたことがある。「甲府は盆地だから」とか「東京から一〇〇キロはなれていて、東京に買い物に来ないからだ」とか、いろんな答えがかえってきたが、わたしにはいまひとつ納得できない。調べてみた。甲府が幕府の天領だったからだという答えが出た。

ことに甲府は「飲み屋の数が日本一多い」ところでもある。武田信玄いらいの金山があったので幕府は天領にしたのだ。

いまはテレビが全国均一化し、県民性などは薄れてきたというが、徳川幕府以来の「習慣」は牢固としてぬきがたいものがあるのだ。

天領というのは直轄領地だから、江戸から送ってきた金で代官が統治していた。親方日の丸である。だから天領の住民には勤倹貯蓄といったふうはなくて、ある金を全部使ってしまう。その最たるものが将軍のお膝元である江戸だ。だから江戸っ子は「宵越しの金を持たねえ」とタンカを切りえたのだ。

江戸や甲府だけではない。マクドナルドがいい成績をあげている新潟、福島、大阪、長崎はみな幕府の天領だった。新潟で「名物はなんですか?」と問うと「山に生えている杉の木です」という。新潟は佐渡の金山があるので天領だったから、それ以外の「なにか」をつくる必要がなかったのだ。だから山に自生している杉の木だというほど名物はなにもない。

七月、トイザ〝ら〟ス水戸店を開店するとき、社内ディスカッションでは「水戸は東京と離れている田舎だから売れないでしょう」という意見が多かったが、わたしは「いや、売れる」と主張した。いざ、ふたをあけてみると、一日で一八〇〇万円を売り上げた。

わたしが「売れる」と主張した根拠は、水戸がかつての徳川ご三家の一つ、つまり「親藩」だったというところにあった。

ところが、大名が統治した藩、とくに外様大名の藩に行くと、鍋島藩は久留米絣、阿波徳島藩は藍の染料といったように、それぞれ特産品の生産を奨励して「いざ！」というときに備えている。百万石の加賀藩も、薩摩藩も外様大名だから、いつ幕府に攻められるかわからないと口ではいわないが考えていたのだろう、勤倹節約の風はきわめて強い。

つまり、わたしが調べたところでは、その地方が「天領」であるか「親藩」であるか「外様」であるかによって、それぞれの〝国民性〟というか〝領民性〟は違っていたのである。それから四〇〇年後の現在でも、大名の統治下にあった地方の人はよく働くし、サラリーマンとしては非常に忠誠心が高い。天領だったところの人はあまり忠誠心がないといったような〝県民性〟の違いとして顕著にあらわれているのだ。こうした〝県民性〟を知っていれば、商売上とても役に立つし、日常の話題を豊富にすることにもなる。

ようするに、政治、経済、歴史、スポーツ、レジャーなど、あらゆる分野にわたって好奇心をぶつけ、雑学に強くなっていけば、話題を豊富にし人脈も広がり、人生を豊かにすることはもちろん、的確な判断を下すためにも大いに役立つのである。そしてその雑学に支えられた広い視野が、正確な判断を生み出すのである。

ところが日本人はとかく「商人はソロバン勘定ができればいい」と考えがちで、大企業のトップでも時間のムダというのだろう、雑学には興味をしめさない人たちが多いが、それはとんでもない錯覚である。その「ソロバン勘定」をする視野が狭いか広いかによって、しばしば企業の明暗を決めることがあるのだ。

現代は、なにをするにも専門以外にじつにさまざまな知識を持っていなければならない時代だ。雑学の知識に乏しく、物事を一つの角度からしか眺められない人間は、人間としても失格だが、ビジネスマンとしても失格なのである。

15 トップに立つ人間こそ最前線で働くべし

日本の社会では、人は地位が上がるにつれて仕事を人にまかせて自分はなにもしなくなっていくのが普通である。

いまはコンピュータの時代だが、会社の社長でみずからコンピュータを操作している人が何人いるかといえば、まことに寥々《りょうりょう》たるもので、たいていの人が秘書にやらせて、自分はデンとすわってハンコばかり押しているのが実情である。

ところがアメリカにいってみると、エグゼクティブといわれる人はみな第一線に立って働いている。アメリカの企業の活力は、もっとも偉い人が第一線で働いていることと、もう一つ、日本のように中間管理職がないというシステムから出てきているのだ。

アメリカは、社長↓バイス・プレジデント↓その他大勢、日本は、社長↓部長↓課長↓課長補佐↓係長↓主任↓主査↓その他大勢、という組織になっている。このシステムの違いは、アメリカがトップダウン方式なのに、日本は下から上へと上げていく稟議書方式をとるという「意思決定システム」の違いになる。

下から上へともち上がっていく稟議書システムは、ある意味では平等主義的な要素が強く、下が結束してなにかやろうとすると止めにくいし、下がどんなに具体的でいい方向を打ち出そうとも上に上がるにつれて平均的なものになっていくということにもなる。

トップになればなるほどいわゆる〝肚芸《はらげい》〟ができるかどうかが絶対の資質としてあげつらわれ、具体的に仕事をしなくなるのが当たり前という日本の社会のありようは、この稟議書システムから必然的に生まれるといっても、あながち誤りではあるまい。

しかし、なに一つ生産的なことをしないで、社会の支配者であった徳川時代の武士のようなトップが企業のトップでありえたのは、国が貧しくて未開で、先進文明国になんとか早く追いつきたいと教育に力を入れ、ひとにぎりのエリートを養成して彼らに権力を与える必要があった過去の時代の話である。そういう時代ならば、トップは権限を一身に集中して、具体的な仕事は部下にやらせるということでよかった。

だが、そういう時代はもはや終わった。これまで中間管理職がやっていたような仕事はコンピュータを使えば瞬時にできる時代なのである。トップは、コンピュータを自分で駆使して働く、そうしながら権限をできるだけ部下に委譲してアメリカ的なトップダウン方式をとっていかなければならない時代なのである。

トップに立つものには、本来それだけの知識と経験は、あるはずなのだ。その知識と体験を活かして社長↓その他大勢というトップダウン方式で、現場の最先端に物事を決定する権限を与えていかないと、これからの事業は発展していかない。

六〇パーセント確実ならば決行せよ

そうなるには、やはり「民主主義」というものが根底になければならないのだが、日本の「民主主義」は、国民が戦って獲得したものではなく、敗戦によってマッカーサーから与えられたものだという特殊なものであるところが、難しいところである。

わたしは、戦前、戦中の軍部独裁から戦後民主主義の時代へという社会の変わりようも、アメリカ民主主義も体験してきているのだが、そういう体験からすると、戦後五〇年たったとはいえ、日本の民主主義はまだうまく機能していない。

なによりも、民主主義は、あらゆることを自由にフランクに議論できる、タブーはないということなのだが、日本にはディスカッションできない〝タブー〟があまりにも多すぎる。しかもその〝タブー〟は、ほとんど戦前からのものである。そういう〝タブー〟の多さが、官僚による〝規制〟となってあらわれている。日本が、官僚の支配する国といわれるのは、そこに原因があるのだ。

そういう意味では日本という国は民主主義国というには未成熟な、いうならば「官農工商」の国なのである。この徳川二六〇年をそのまま引き継いだような社会システムを徹底的に壊していくためには、企業のシステムのアメリカ化、つまり中間管理職をなくしてトップとその他大勢が直接つながるシステムを構築していかなければならないのだ。

トップがすべてを掌握し、なおかつみずからも第一線で仕事をするということはできない相談だという反論が出ることは、わたしも承知している。しかし、わたし自身は、コンピュータを駆使してトップダウン方式で日々仕事をしているのである。その経験からいえば、トップたるもの、やってやれないことはない。トップには、それを可能にするだけの経験と知識があるではないか。

中間管理職が多く、稟議書システムをとることの弊害は、トップの決断力を鈍《にぶ》らせるというところにもあらわれる。

人の意見を多く聞けば聞くほど、あれかこれかと右顧左眄《うこさべん》して懐疑主義的になり、即決即断できなくなる。なにもしなくなる。

ところが自分が現場にいれば、人の意見の取捨選択は可能である。即決即断して、誤ったと思ったら即座にあらためることができる。たとえそれが朝令暮改であろうと、朝改暮改であろうと、決断しないよりはいいのである。

オーナー社長は大胆であっていい。自分の会社だから会社の損は自分の損。だからなにをするにもよく考えて行動する。行動すればよいのである。

わたしにいわせれば、人生は六〇パーセント確実ならばやるべきである。やらなければどうしようもない。

また、六〇パーセント確実だと思ったことは成功するのである。それを一〇〇パーセントの確率まで待っていたならば、チャンスはよそに逃げていってしまう。

トップたるものの知識と経験は、「決断」するためにあるのだといっても過言ではないのである。

16

恐ろしい時代は動物的なカンで生き抜け

世界中の経営者、サラリーマン社長ではなくオーナー経営者に、「あなたはいつまで経営者でいるのですか」と訊く。すると、彼らは異口同音に「死ぬまで」と答えるだろう。「死ぬまで」というのは、実は「永遠に生きている」ということだ。不老不死を望んだ秦の始皇帝のように、みんな、自分だけは永遠に生きられる、その方法はあると思っているのだ。

わたしもその例外ではなかったが、いや、そうではないと思うようになった。そのきっかけは、白内障の手術をしたときだった。

白内障は、眼のなかにタンパク質というゴミがたまる病気だ。眼球にはたまったゴミを排出する機能がないので、周りからたまっていったゴミはやがて眼球の真ん中にたまるようになる。その眼球の真ん中にたまったゴミがじゃまをして目が見えなくなってくる、それが白内障という病気である。そうなるまでには長い年月がかかる。頭髪が白くなり、皮膚がたるんでいくのとおなじように、老いてくると人は否応なしに白内障になる。

わたしは、白内障を手術した明くる日、外界を見たときに、ああ、と思った。それまで見ていたのとまったくちがう世界だったのだ。六〇年間、自分では変わらずに見えていると思い込んでいたが、これだけ曇っていたのか……。そう思ったとき、わたしは、定年制の意味がわかった。

人間、もちろん個人差はある。だが、いずれにしろ生命は有限である。いつかは燃えつきるのだ。人生を客観的にみれば、六〇歳というのは、活躍できる限界で、それを過ぎると身体のいろいろな機能はかならず衰えてくる。どこかで区切りをつけてリタイアしなくてはいけなくなる。定年制とはそういうことなのだ。

わたしは、そのとき、そろそろ自分もリタイアして快適な「第二の人生」を過ごそうかと本気で考えた。しかし、とわたしは自分を客観的にみた。わたしは肉体年齢はたしかに六〇歳だが、精神年齢はまだまだ若い。「人生、八掛け」というが、六〇×〇・八＝四八。四八歳なら「定年」にはまだまだ遠いと思い直した。

そして本年、古稀《こき》を迎えたわたしは「人生、七掛けだ」と公言している。七〇×〇・七＝四九。五〇歳だ。まだまだ人生これからだ。

そう考えれば、わたしの事業への活力はさらに強いものになってくる。わたしは、いま、自分の寿命――肉体的な、精神的な――を客観的に眺め、評価して、新たな事業展開への意欲を燃やしているのだ。わたしは、その意欲こそが〝永遠の生命〟を獲得するということだといいたい。

世の中で起きているさまざまな現象をまとめて一つの理論に集約していくこと、それは経験と知識を総動員する作業である。一つひとつの現象がどんなに複雑に見えようとも、人間の行為の表れなのだ、なにかの原因があってこの結果となっていることは間違いない。とすれば、その原因となっているものはなにか。そういうふうに現象のなかから本質を抽出し、それを集約し、分析する力――それを、わたしは「動物的なカン」といってきた。

ボンクラ社員は不要になる

ところが最近、コンピュータを使うようになってから、わたしはおもしろいことを発見した。

わたしが、いくつもの現象を集約し分析して、A・B・C・D・E……と考えることが、コンピュータを使うとE・F・G・H・I・J・K……と何百種類にも広がって、そのなかで一番わたしの目的にあったものはなにかを、シミュレーションできるのである。いってみればわたしはコンピュータを使うことによって、ニュートンやアインシュタインなみの、いや彼らも考えられなかったような結論を出せるようになったのである。

コンピュータを使うまでのわたしは、このシミュレーションを頭のなかでやっていたのだ。これまでの経験や知識を総動員して、たとえば夫婦間の会話と親子の会話と会社の同僚との会話で瞬間的に言葉を使いわけているように、瞬間的にシミュレーションを行なってきた。いってみれば、自分の脳をコンピュータにしていた。

そのシミュレーションが、コンピュータを使うとさらに早くさらに精緻にできるのだ。たとえば、店の数を何店にすると売上げはいくらで利益はいくらになるか、あるいは売上げがいくらで利益をいくらにするためには店の数は何店にしなければならないか、そのためには新規に何人採用しなければならないか、金はいくら必要かといったことが、瞬時に、しかも誤差ゼロでわかるのである。

さらにおもしろいのは、わたしが、去年は一〇〇円ハンバーガーがある期間、三〇〇〇万個売れた、今年は八〇円にする、いくら売れるか、五〇〇〇万個はいくのではないかと、「カン」ではじき出した数字とコンピュータのデータが一致するのである。

これは、わたしが頭のなかにきっちりとインプットしているこれまでのデータと、コンピュータのデータがおなじものだから、といってしまえばそれまでだが、コンピュータのソフトがもっと発達してくれれば、これは恐ろしい時代になるぞというのがわたしの実感である。

これからは、いいソフトが出てくるし、インターネットを使えば世界中の力を集めることもできる。いままでのように、せいぜい一〇人とか二〇人の力ではなく、何千万人の力を借りることが可能になる。正しい判断をくだすスピードはより速くなってくる。これをおし進めていけば、いい考えが瞬時に浮かび、金儲けの速度はとてつもなく速くなる。まさに時代は「スピードの時代」である。

わたしは、これはある意味で「人間、受難の時代」になるなと思う。だってそうではないか。わたしとコンピュータがあれば、社員は不要になるかもしれない時代になるのだから。

しかし、だからといって研ぎ澄ました「動物的カン」は不必要になったというのではない。むしろ、コンピュータが打ち出すデータをどうジャッジするか、そのときに蓄積した知識と経験、なかんずく経験は必要不可欠になるだろう。

なぜならば、コンピュータの打ち出すデータはあくまでも合理的で、そこに人間のいわくいいがたい情緒は入る余地がない。その情緒の部分は、おそらく、コンピュータがどんなに発達しても、人間の「カン」にはおよばないだろう。この「恐ろしい時代」を生き抜くには、どれほど「カン」を研ぎ澄ますかにかかっているのだ。

17 社長にプライバシーはないと覚悟せよ

一般的にいって、「社長」という地位にある人間は、自分はなんでもできる、だから社長になっているのだと自惚《うぬぼ》れている人が多い。しかも、そのことに自分は気がついていない。

しかし、自分は万能であると思いこんでいる社長はかならず失敗する。最近は世の中の変化が速いから、天才といえども一人で何事もすべてやっていくというようなことが長続きするわけはないのである。かならず多くの人の意見を聞いて、世の中の動きを把握していないことには、事業はやっていけないのである。

何事も一人ですべてやっていれば、社長のプライベートな時間中は、社の動きはいっさいストップしてしまう。結局は、能率も悪くなり、事業は停滞してしまう。

わたしは、社長たるもの、プライベートな時間はない、すべては「公」の時間だとして、その時間を会社全体の動きに使うべきであると思っている。だからわたしには「休日」はない。わたしは、社長だけれどもサラリーマンなのだから、会社にいる間は全力投球するのはもちろんのこと、プライベートな時間もできるかぎり会社の仕事に使っている。社長ともなればプライベートな時間も誰かにかならず見られているものだ。プライバシーなどないのである。庭の木をいじっていようと日本語の研究をしていようと、すべてはなかば「公」なのだ。

だからといって、そのために費やす金は「公」から出していいかというと、そういうわけにはいかない。お金は使えないけれど、遊びをしていても趣味を愉しんでいても、そこにはプライバシーはないと覚悟しておくべきなのだ。

いつ、どこで、誰に、どう暴露されるかもわからないのである、それだけの覚悟がないようでは社長の資格はないのである。

18 ハンコも稟議書もゼロにできる

アメリカの会社では役付きは会長と社長と副社長しかいない。あとはすべて平社員だ。

したがって仕事の決裁もトップダウンで非常に早い。

ところが、明治以来官庁のシステムをそのままコピーしてきた日本では、トップダウンではなく、下から上へと上がっていく「稟議書システム」をとっているから、書類一つをつくろうとしてもいくつもの印鑑を必要とする。

しかし、わたしはこれまでもそうだったが、コンピュータ時代になったいまは、ますます決裁のスピードを上げるために、印鑑の数を極力減らすことにつとめている。たとえばある部署からの書類が電子メールでまわってくれば、わたしは、あらかじめ定めてある暗号で発信者にイエスかノーかを送る。そうすると、いちいち書類にして印鑑を押して、それを女子社員が持って決裁印を取りにくるといった時間と手間がいっさいはぶけるわけである。

19 書類は一週間で捨ててしまえ

わたしも四五年間、社長業をやってきて、雑用が非常にふえてきた。その最たるものがデスクにうず高くたまる書類の山の整理である。書類は、ちょっと油断しているとすぐ三

○センチぐらいの高さになる。
そこで考えた。絶対に返事や決済の必要な書類はその場で読んで、イエス・ノーの返事を秘書から関係部署にまわす。その他の書類は、あとで読むものと家に持ちかえって読むものにわけ、それぞれデスクの上においた箱にいれる。そして、会社で読むものは会社で読み、家で読むものは家で読んで、一週間すぎると両方の箱とも書類を全部捨ててしまう。それまでに読みきれなかった書類も捨ててしまう。読まないで捨てるなんて乱暴なと思うかもしれないが、実際にはさして不便は感じない。

むしろ、そうしないと社長の雑務から自由になれない。

よく、役所などに行くと、机の上に書類をうず高く積み上げている人がいるし、それなりに重要な書類なのだろうが、いつまでも未決済のまま積み上げているだけでは、社長業というものは務まらないのである。

ことにわたしのようにたくさんの会社の社長をやっていると、書類の整理に追われてしまうので、できるだけ読むのはもちろんだが、読みきれなくても一週間単位ぐらいで捨てるという決断も必要なのである。

この決断が可能なのは、わたしが重要なことは諸事「即断即決」することをモットーとしているからなのである。

20

浪花節だっていいじゃないか

わたしは年間三〇〇万円を払って、大阪の警察病院と東京・荻窪の衛生病院に緊急用のベッドを一つ確保している。

なんとアホなことを、という人もいるが、東京や大阪の社員やその家族が病気になったとき、そこへ行けば必ず一つベッドがあいているということは、社員が安心して働けるということでもある。

社員を安心して働かせるために、給料をたくさん払ったり厚生施設を充実させるということも大切だが、病院のベッドを持つということは一種の危機管理なのだ。

わたしは、なにか会社に貢献したり、お客のためにいいことをした社員には随時「社長賞」を出して表彰している。さらに、一年に一人か二人、特にすぐれて功績があった社員には「藤田田賞」を贈って表彰しているし、誕生日を迎えた社員にはお祝い金一万円と休日をプレゼントしている。

社員ばかりではなく、社員の奥さんたちにも、誕生日には必ずお祝いの花束を贈っている。会社がうまくいっているのは、社員がなんの憂いもなく仕事ができるように家庭を守っている奥さんの内助の功のお陰だ。会社のパーティにも奥さんたちを招いている。

花を贈ったりパーティに招くなどということは、外国では普通だが、日本の会社では稀なことである。しかし、夫婦は社会の単位である。社員の奥さんを大切にするのは当たり前ではないか。

わたしのやっていることを「浪花節だ。浪花節は日本ではもっとも効果的な人心収攬《しゅうらん》術で、藤田はそれをうまく利用しているだけだ」という声もある。わたしは、自分のやっていることが人心収攬術だとは思ってもいないが、百歩譲ってそうだとしても、それで効果があるのならば、浪花節であろうが演歌であろうがいいではないか。

そういうわたしの行為で、社員やその家族がハッピーであれば、わたしにとってそれにまさるよろこびはない。

21 日本人には『マクダーネルズ』より『マクドナルド』

『魏志倭人伝』によると、布に首を突っ込む穴を開けた貫頭衣を着て、刺青をし、海に潜って魚をとっていたという日本に、仏教が伝来し文字をもたらしたのは大和時代のことだ。それ以来、この国には「舶来のものはいい」という思想が延々とある。

ところがその一方には天皇制というものがあり、この国に来るものは打ち払うという思想があって、日本の歴史はいってみれば「舶来崇拝思想」と「尊皇攘夷思想」の争いの歴史だったということもできる。

日本は島国で、外国と陸地を接した「国境」がないから、日本人には「尊皇攘夷」的感覚が非常に濃厚にある。しかもあまりクリエイティビティがないから、無から有をつくるのは非常に下手で、そのかわり外国から来たものを改良するのは上手だ。

その最たるものがカタカナ、ヒラガナだ。中国から来た漢字を、たとえば「伊」の偏だけとって「イ」に、「宇」のう冠だけとって「ウ」に、「江」のつくりをとって「エ」にといった具合に改良してカタカナを発明し、そしてたとえば「女」という漢字を崩して書いて「め」というヒラガナを開発した。

「舶来崇拝」と「尊皇攘夷」、いいかえれば「劣等感」と「優越感」は、表裏一体となって日本人の背骨を形成しているといってもいい。

当然、ビジネスの世界でも、この二つは抜きがたくある。外国のものというと極端に嫌うが、同時にすごく憧れてもいる日本人を相手にするには、それを「オブラート」に包んで口当たりよくしてやるのがコツである。

わたしが、アメリカでは社名を『マクダーネルズ』というのに日本では『マクドナルド』としたのも、二〇〇〇年にわたってコメと魚を食べてきた日本人にパンとポテトと牛肉を食べさせるために、一見してすぐアメリカのものだとわかる『マクダーネルズ』として排外思想を刺激するよりは、マクドナルドというカタカナにして日本製かアメリカ製かわからないという「オブラート」に包むためなのだ。

日本でフランス料理やイタリア料理がなかなか伸びないのは、そういう「オブラート」の包み方が下手で、日本人の排外思想を無意識のうちに刺激しているからではないか。

日本で商売をするには「国籍」をはっきり出してはいけないのだ。

22

国際感覚とはジョークがわかる感覚である

アメリカ人の講演はジョークに始まりジョークに終わる。日本人はジョークを言うのも聞くのも不慣れで、だから、とかくぎくしゃくしてしまう。

日本人はジョークは不真面目だという感覚を持っているが、ジョークやユーモアはけっして不真面目なものではないのである。

落語や漫才でジョークをわかっているはずなのにこうなるのは、日本人が「武士道」の精神にとらわれているからではないかと、わたしは考えている。その証拠に、落語や漫才のジョークに関西人は反応して笑うが、東京人はなかなか笑わない。笑わないでとかく理屈づけしてしまう。徳川時代から武士ではなく商人の都市だった大阪と、徳川将軍が君臨していた武士の街東京との違いがいまもなお厳然として存在しているのである。

わたしはよく、テレビに出たり講演したりするとそのあと、「藤田さん、あんたのしゃべりは吉本の漫才みたいだ」といわれる。わたし自身はもちろん吉本スタイルではないと思っているのだが、やはり大阪の人間だから、自分では意識していないけれどもそうなっているのかもしれない。アメリカ人と話していても、「藤田さん、あんた、日本人にしては珍しくジョークがうまい。ユーモアのセンスがあってよろしい」といわれるのは、そのせいなのかもしれない。

しかし、国際的なビジネスをやるということから考えれば、わたしのような感覚は絶対、必要な感覚である。国際感覚とはジョークを解する感覚なのである。

23 名刺より話題を出せ

外国人は、飛行機で隣の座席に乗りあわせると必ず話しかけてくる。ところが日本人は必ず、まず名刺を出して、わたしはなんのなにがしでございますと名乗りあってからでないと、話ができない。昔、侍が「やあやあ遠からん者は音にも聞け、近くば寄って目にも見よ、われこそは」と名乗りをあげてからチャンバラをやっていたのと、いまもまったく変わらない。

わたしのところには毎日いろんな人が訪ねてくるが、一人の例外もなく名刺を出して「わたしはこういうものです」という。驚いたのは、マクドナルドの社員でわたしに名刺を出すヤツに出会ったときだ。

「おまえ、ウチの社員だろ。社長に名刺を出すヤツがいるか」と怒ったら、「社長はわたしのことをご存じないと思いましたから」という。知っているよ、社員のことは、と苦笑したのだが、とにかく日本人は名乗ってから話に入る。

外国人は「ジムです」、「ボブです」といって握手をして話に入り、しばらくしてからこちらが「どういう会社にいますか」というと、はじめて名刺をくれる。

もう少し胸襟《きょうきん》を開いて、誰とでもすぐ話ができるようにならないと困る。外国人が来るとガチガチになってまるで真剣勝負でもするように構えてしまうようでは、国際的なビジネスなど望むべくもないのである。

そのためには、たとえ相手が子どもでも若者でも成年でも老人でも女性でも外国人でも、ただちに話ができるように、平素から話題を豊富にして、そこに溶け込めるような訓練をしておかなければならない。

24

企業の文化的貢献に見返りを期待するのはおかしい

わたしは、ニューヨーク・フィルハーモニー交響楽団を呼んでコンサートを開いたり、喜多郎のコンサートをやったりしているが、その場合に「日本マクドナルド主催」とか「後援」といったことはほとんどうたわないことにしている。

一時、バブル全盛期に「企業メセナ」という言葉が流行り、猫も杓子もといっていいほど、「利益の社会還元」と称していろいろな催し物をやったが、ほとんどすべてが「〇〇会社主催」とか「後援」とか、大々的に「冠」をつけていた。だが、あれでは「社会への文化的貢献」にはならない、まったくの企業の宣伝行為でしかない。

また、「企業メセナ」なるものの実態がそうでしかなかったことは、バブルが崩壊したとなるやいっせいに「メセナ」の「メ」の字も口にしなくなったことでもわかる。

わたしは、企業の文化的貢献とはなにか、その意味をもっと深く洞察すべきだと思っている。そうすれば、景気の好不況にかかわらず、企業は「社会への文化的貢献」をすることが可能なはずである。また、長い目で見れば、そのことが企業のイメージをつくりあげることに大きなプラスになるはずなのである。

企業の文化的貢献とは、わたしにいわせれば、ボクシングでいうボディブローのようなものである。一発必中、ノックアウトパンチとなるアッパーカットはたしかに華々しい。それにくらべれば、ボディブローは地味である。しかし、回を追うごとに相手の体力を消耗させるボディブローは、ノックアウトには必須のものである。

企業の文化的貢献とは、その一回一回が地味なものであっても、回を重ねてやることが重要なのである。

25 世界統一通貨「デン」はいかがなものか

円高だ円安だと一喜一憂しているのを見ると、わたしは、いっそのこと「円」を廃止して「ドル」一本にしてしまえばいいのに、と思う。この思いは、実は終戦直後からあるものので、この五〇年、わたしは「世界統一通貨」論者なのである。

円をドルに統一しようというと、それでは日本国の主権はなくなるという人がいる。わたしもまた「主権」まで放棄しろとはいっていない。ちょうど東京都と世田谷区があるように、世界統一通貨になってもそれなりの主権は保っていけるのである。

それでも「ドル」ということには抵抗があるというのなら、わたしの名前を貸してあげるから、統一通貨の名称は「デン」とすればいい。「ドル」と「エン」を足して二で割って「デン」とすれば、円が一円上がった二円下がったという問題はいっさいなくなるではないか。

しかも、いまの世界の状況を見ていると、経済をはじめとして民族紛争も宗教紛争もはては難民の問題も、各国の国内問題はすべてたちまち国際問題となっているのである。こうした国際的な問題を解決するのは国連の役目だといわれてきたが、それにも限界があることは誰の目にもはっきりしている。

となれば、国境が消えかかり「ボーダレス」となってきている現状に対応して、世界の秩序をつくりあげるには「世界政府」の創設しかない。世界政府の樹立、それは「人類の究極の目標」である。

ヨーロッパで通貨を共通化しようとしているのは、世界統一通貨を実現するための試金《しきん》石《せき》なのである。ヨーロッパのように日本も含めてアジアが統一通貨をつくれば、少なくとも為替の変動でビジネスができなくなるというようなことは回避《かいひ》できるではないか。

26

人間が相手なら解決できないトラブルはない

ビジネスの場は戦場である。わたしは、その戦場では、いつでも自分の全財産と全精力をぶつけて戦ってきた。いまも戦っている。それでよしんば失敗しても、わたしはなんの後悔もしない。

わたしのそういう戦いの根っこには、人間は裸で生まれて裸で死んでいくのだという死生観というか哲学がある。

生まれたときは裸だし、死ぬときも棺桶に裸で入る。いくら財産があっても墓場にまでもっていけるものではない。そう思えば、自分がこうと信じたことに全財産を投入して結果は失敗したとしても、思い煩うことはない。

わたしにも、毎日仕事をしていれば、二二パーセントのうれしいこともあるが七八パーセントのイヤなこと、つらいこともたくさんある。

が、わたしはいつもハラをくくっている。会社にとっておもしろくないことがおこってもしかたがない、一所懸命やっているのだから、それでつぶされてもしようがないと思いさだめている。そうなったら、もっているものをすべて投げ出せばよいのだ。

そういう覚悟で、全財産と全精力をぶつけているのだ。また、それをしなければ、事業はうまくいくものではない。

死んでしまえば人間、裸。そう達観すればなにも怖いことはない。

とはいえ、わたしもずっと昔は、飛行機に乗るのが怖かった。あんな鉄の塊が引力の法則に逆らって空中を飛んでいるのだ、飛んでいる最中に空中分解したり墜落しても不思議はないと思うと怖かったのだ。しかし、いまはもう怖くはない。落ちるときには落ちるのだ、それで死ぬのなら、それもわたしの運命というものだと達観しているからである。

わたしは、そういう死生観をもたないかぎり、ビジネスはできない、できても中途半端なもので終わってしまうと思っている。

では、そうして全財産、全精力を傾けてビジネスを戦って、それでもトラブルがおきたらどうするか。解決できない場合は、やはりすっぱりとあきらめてしまうのか。

いや、わたしは、人間には解決できないトラブルはないと思っている。トラブルは人間がひきおこすもの、相手が人間ならばどんなことでも解決できる。誠心誠意、こちらの事情を述《の》べて、努力すればかならず解決できる。

よく、解決できずに悲観して自殺する人がいるが、それはまだ解決するための努力に欠けるところがあるからだ。人事をつくしていないからだ。

27 ビジネスに満塁ホームランはない

わたしの信条の一つに「ビジネスに満塁ホームランはない」という言葉がある。

「満塁ホームラン」は野球の言葉であって、ビジネスの言葉ではない。ビジネスはあくまでも一歩前進また一歩前進、尺取《しゃくと》り虫のように一歩一歩重ねていって成功にいたるものであって、ビジネスに成功するには「時間×努力」が巨大なエネルギーとなることを自覚しなければならない。

ところが多くの人は、巨大なエネルギーをほしいと思っていながら、それが「時間×努力」であることを知らないまま、一振りで満塁ホームランを狙うから失敗してしまうのだ。

わたしは、マクドナルドの社員たちにも事あるごとに口を酸っぱくしていっている。

「満塁ホームランを狙うな、一歩一歩でいい。努力と時間をかければ巨大なエネルギーになるのだ」と。

ハンバーガーを一〇〇円で売れば三〇〇〇万個売れた。八〇円で売れば五〇〇〇万個も売れた。これはその前に、二一〇円で売り、一三〇円で売ってと一歩一歩、時間をかけて努力してきた結果なのだ。

だから大成功にいたったのであって、いきなり八〇円で売って満塁ホームランを狙《ねら》っても、この結果は出なかっただろう。

28

悲観はビジネス最大の敵である

やりはじめる前から、これは絶対だと一〇〇パーセント成功保証付きの事業などありえない。全知全能をつくして努力しなければ勝利しないことは、戦争と同じである。

ハンバーガー・ビジネスでも、マクドナルドがここまで成功したから、ハンバーガーを売りさえすれば成功すると思ったら大間違いである。Ａ＆Ｗは一〇店舗開いたところで撤退し、バーガーシェフはたった二店で撤退している。

必要なのは、絶対一〇〇パーセント成功するという思い込みではなく、絶対成功する、させてみせると自分で信じることである。

要するに「思いは真実になる」ということを、自分で自分に信じさせることである。自信過剰なくらい自分で信じることである。

そして、これは絶対成功させるのだと強く信じて前進するのである。昨日はどうだったというようなことを、いつまでもくよくよ思いわずらってはならないのである。

ところが、日本人はとかく悲観する習性がある。ちょっと悪いとすぐ悲観して思いわずらうのだが、わたしにいわせれば、そんな悲観はビジネスにとっては最大の敵である。

夜の明けない朝はない。朝はかならずくるのである。その明日を信じて前進することである。

うまくいかないときは、大きく深々と深呼吸して、頭に酸素を送り込むようにすることだ。そして、全力を尽くしたあとは、なるようになる、なるようにしかならないと思いさだめることだ。

人事を尽くして天命を待てば、悲観することはなにもないのである。人生「なるようになる」のである。

第3章

ビジネス成功の法則

29

「勝てば官軍」の論理しかない

日本人は、基本的に「性悪説」ではなく「性善説」をとっている。それは、講談や浪花節でもわかるように、とにかく長い間、「勧善懲悪《かんぜんちょうあく》」というモラルになれ親しんできたからだ。どんなに苦しもうと善は最後にはかならず勝ち悪は滅びる――そういうモラルで、生きてきたし、いまも生きている。

テレビの『水戸黄門』があれほど長く人気をたもっているのは、ストーリーが「勧善懲悪」の最たるもので、つねに悪代官や悪商人を黄門さまが懲らしめて終わるからだ。

しかし、ビジネスの世界ではそうはいかない。ここでは、相手も絶対に儲けようと思っているのだし、自分もそう思っている。自分が儲けるためには、相手をどん底に陥れる。そうしなければ自分がやられる。おたがいに食うか食われるかの修羅場で戦っているのだ。

そんな修羅場に「性善説」でのぞめばどうなるか。「汝、右の頬を打たれなば左の頬を出せ」などといっていたのでは、あっというまに足をすくわれ、骨の髄《ずい》までしゃぶりとられてしまうことは目に見えている。

だからわたしは、人間の本性は「悪」だという立場をとる。そういう立場をとってはじめて、自分をプロテクトしてビジネスができるという信念をもっている。性善説や勧善懲悪はあくまでも『水戸黄門』の世界で生きているフィクショナルなものであって、われわれの生きている現実の世界のものではないのである。

国際政治における日本が、とかくピエロじみて見えるのは、そのフィクションを現実だとカンちがいしているからなのだ。

現実は、ちょっとでも油断するとなにもかもむしりとられてしまいかねないものなのである。

だから仕事をする以上は、「性悪説」に立たないかぎり絶対に騙される。敗者になってしまう。一度敗れれば、復活するのは難しい。

とくにビジネスが国際的なものになるだろう今後は、ますます「性悪説」の立場にたたなければならないことは、自明のことだろう。

ビジネスの世界には「勝てば官軍」の論理しかない。

「敗者の美学」といったものは、文学の世界でだけ意味がある。文学でメシが食えるか、金儲けができるかと、わたしは声を大にしていいたい。

なんとあくどいことを、と思われるか。だが、人間、悪に強ければ善にも強い、のである。逆もまた真なりではないのである。

では、負ければどうなるか?

ビジネスの世界は「勝てば官軍」である。負ければ即「倒産」しかないのである。負けてからいくらりっぱな理屈をならべたり、いいわけをしたりしても、なんの意味もない。

わたしたちは、親方日の丸の公営企業で働いているわけではないのである。公営企業は、いいわけや敗者の論理をならべたてていればどんなに赤字を出しても絶対に倒産はしない。自民党の小泉純一郎元首相が「三等郵便局を民営にしろ」と主張して、当の郵便局長はもちろんのこと同じ自民党内の政治家たちから猛烈な反発をくらっているが、わたしは小泉議員の主張をもろてをあげて支持する。

なぜならば、小泉元首相は「民営化して〝勝てば官軍〟の論理を貫徹させよ。いくら赤字を出そうが、あれこれへ理屈をならべたてたてのんべんだらりとやっていようが、〝親方日の丸〟だから絶対倒産しないという〝敗者の論理〟を一掃しなければならない」といっているのだから。

くりかえしていっておこう。

ビジネスの世界は「勝てば官軍、負ければ倒産」、その間に〝灰色地帯〟などはありえないのである。食うか食われるかの修羅場なのである。

30 人間は欲望をもった動物である

金儲けのチャンスは無限にある。その材料も身の回りに無限にある。ただ、みんな気がつかないだけなのだ。なぜ、気がつかないか。

仕事を探すことにばかり集中して、その前にまず、人間という生き物は「動物」なのだという事実を見つめようとしないからである。

人間は、道具を使い、火を使い、言葉を持ち、考える力があるからといっても、決して犬や馬など比較にならないほど上等な動物ではない。牙があるでもなく、四本足で速く走れるわけでもなく、木に登れるわけでもない。自然にそなわった能力という点ではむしろ劣っているかもしれない動物である。しかも、欲望を持った動物である。そういう動物はどこをどのようにしてやれば便利だと感じるか、快適になるか、満足するか。ビジネスとは、そういうことを考えるところから始まる。

たとえば、ベッドルームの窓はどこにあったらいいのか、防音は完璧であるかどうか、空気がどこから入ってくるといいのか、冷暖房はどうなっているのかとか、要するに動物の欲望を充足できるようなことを考えていけば、仕事は無限大にある。

現代は、人間がしだいに横着になってきている時代だ。風呂場で体を洗うのはめんどうくさいから、湯船からあがって寝ころんでいれば、勝手にシャボンが流れてブラシで体を洗ってくれる。風呂場にすわっていればそのまま持ち上げて湯船のなかに入れてくれる。出てくれば温風が体を乾かしてくれる、といったようなことを考えればいい。あるいはトイレットペーパーのいらないトイレはすでにあるが、その次になにがあるかを考えればいい。

ヨーロッパにはなぜポリオ（小児麻痺《まひ》）が多いかといえば、靴をはいたまま家のなかに入り、ベッドサイドで靴を脱いで寝る習慣になっているからだという。土足で家のなかに入るため、外の汚いものをもちこんでしまうからだという。その点、日本は靴を脱いで上がる習慣だからポリオは少ないのだという。

それならば、洋式トイレは、だれかわからない人が座ったあとにお尻をくっつけるのだから不潔だということもできる。和式にすれば、そんなことはない。そう考えれば、和式トイレの改造を考えればいい。

これから脳をはじめ人間の体のメカニズムの研究がどんどん進めば、医学博士の数もますます増えるといわれているが、ビジネスの世界でも、人間の欲望を無限大に満足させていく方向で考えれば、一事が万事、そのようにビジネスの材料はいっぱい身近にあるのである。

ところで、わたしは三月の生まれだが、新しいビジネスを始めるのは三月からと決めている。

なぜか？　他の動物には発情期があるのに、人間には一年中性欲がある。だから、一年中、人間は生まれてくるのだが、個々の人間は自分の誕生日に基づく固有のバイオリズムをもっている。そのバイオリズムは、一年は一二ヵ月だが、人間は一〇ヵ月で生まれるからだろう、誕生した月からスタートして一〇ヵ月の活動期間があるが、残りの二ヵ月は活動停止状態になるという。わたしは三月生まれだから、三月になにか事業をはじめるとうまくいく。ところが、二月は最低で、事業もうまくいかないし、体調もすぐれない。だから新しいことには絶対に手を出さないことにしている。

自己暗示といわれるかもしれないが、自分の生物としての活動リズムを知っておくことも、金儲けのチャンスとつながるのだが、大方の人は気付いていない。

31

人間の欲望は進化する

洋服や靴やバッグなど、一流ブランドであればなんでも飛びつく時代は終わった。これまでは「一流の物」に対する憧れが日本人の購買意欲をつき動かしたが、いまはそんな「ブランド志向」はかなり薄れてきた、といわれている。

わたしは、一九九五（平成七）年に「タイラック」という会社をつくり、イタリア製ではあるが、ノーブランドのネクタイやスカーフを現地から直輸入して売っている。東京駅南口の通路や開発中の〝臨海副都心〟の有明駅の改札口近くといった狭いスペースの店が、みな驚異的な売上げをあげているのは、「物」に対しては一流のブランドにこだわらなくなったということの証しである。

しかし、では日本人には「一流志向」はなくなったのか、といえばそうではない。いま、日本人の「一流志向」は「遊び」に向かいつつある。一流のホテル、一流のレストラン、一流のゴルフ場、一流の劇場と、要するに、遊びのすべてに最高級のエンターテインメントを求めはじめているのである。

人間の遊び志向には、まだ人間の手のまったく入っていない自然と一体となりたいというものもあれば、人工的につくられた最高のもので遊びたいというものもある。飽食日本の「ぜいたく」といってしまえばそれまでだが、よりよいもの、より快適なものを求めつづけるのは人間の本能的欲望というものである。

日本人はいま、一夜の宿があればよいのではない、ゴルフができればよいのではない、食べられればよいのではない、映画や演劇が観られればよいのではない。そうするためのより快適な条件を求めているのである。

「一流」の付加価値が問われている

ことにいまは、出生数が減少し続けている少子化の時代である。

この変化が、各方面に大きなショックをあたえ、人間の欲望の質を変えるのだ。従来なら、子どものことなどを考えて自分は辛抱しておこうと思うのが普通だったが、これからは「より快適な生活」を志向するようになるのだ。

子どもがいれば、その成長に応じていろいろと新しいものを買わなければならないのだが、その必要がないから消費が伸びない。たとえば幼稚園はいま、園児を確保するのに懸命になっているが、それは小学校に、中学校に、そして高校、大学にまで確実に波及してくる。一時は成長産業といわれた受験塾、予備校もこれからは経営が大変になるだろう。

これは戦後、子どもは一人あるいは二人でいいという政策をとった政治の責任が大きい。しかし、いま生めよ増やせよということに政策を転換させても、その効果があらわれるのは、二〇年先のことである。それに現実には、結婚しても子どもはつくらないという男女が増えている。結婚の、子孫をつくるという側面はむしろ排除される傾向にあるのである。

しかし、物事には「暗」があれば必ず「明」がある。少子化現象の「明」の面は、子どもがいない分、人びとは「より快適な生活」のために支出を惜しまなくなるという面である。

それにともなって「欲望」の質が変化し、人びとは「快適」さのなかに「遊び」の愉しさをも求めるようになる。

ということは、これからのビジネスは、たんにブランド品だ、便利だ、ということだけでは通用しない。人びとがいま求めている「一流」のものとはなにかを的確に把握して、その欲求を満たすものでなければ成功はしない。「一流」の付加価値が問われているのである。

人びとが求めている「一流」のもの、それはつまりは、同じ金を使うならいかにゴージャスに「遊ぶ」ことができるかということなのである。ビデオもテレビもすべて含めて、いかに「一流の娯楽」であるか、ということが金を消費する側の判断の基準となりつつあるのである。いままでは「簡便」であることを最大のセールス・ポイントにしてきたサービス産業も、「エンターテインメント産業」とならなければならない。そうなるかどうかが「成功」と「失敗」の岐れ路なのである。

わたしがマクドナルドを、ただ「安くてうまいハンバーガー」を提供するということだけではなく、店の雰囲気も上等の雰囲気でなければならないとしているのは、クイック・サービス・レストラン（QSR）を「FUN PLACE TO GO」、マクドナルドに行くと何か愉しいことがある、だから行こうと思わせるところにしようとしているからだ。

マクドナルドに行くと、何か愉しいことがある、しかもその愉しさは、ハンバーガーとポテトとコカ・コーラが注文するとすぐに出てきてかぶりつける、その短い時間のなかでえられるのだ。

つまり、わたしは、ハンバーガーを売っているのではなく時間を売っている、それも愉しさをもった時間を売っているのだ。

一日は二四時間しかない。生活環境が複雑になってきているなかで、時間が節約できて、しかもある意味でゴージャスでもあるような、そんな時間を売ること、それがマクドナルドの「FUN PLACE TO GO」なのである。

32

ビジネス成功のサーチライトは二つある

仕事が成功するかどうかの「サーチライト」は二つある。

一つは、それが「西欧化」の方向に向かっているかどうかということだ。「西欧化」とは日本人の生活の洋式化である。

日本人は昔は畳の上に布団を敷いて寝ていたが、いまはベッドに寝ている人のほうが圧倒的に多くなってきた。食事も、昔のようにちゃぶ台のまわりに座布団を敷いてすわって食べるというのではなく、テーブルに向かって椅子にすわって食べるようになってきた。トイレも洋式の水洗トイレが、都会だけでなく、かなりの地方にまで広がりつつある。着るものにしても、いまでは和服は男女ともに非常に珍しくなってきたし、履物もほとんどが靴で、下駄をはいている人はあまり見かけない。

だから、商売がうまくいかない、仕事の成績がかんばしくなくなったときは、自分のやっていることが「西欧化」の方向に向かっているのか、それとも逆行しているのかをあらためて見きわめなければならない。逆行しているとなれば、あなたは博物館を経営するにはいいけれども、時代の欲求から遊離してしまっていて、このままでは、いくら努力しても「成功」は望みうべくもないのである。

仕事を計測するもう一つのサーチライトは、それが「時間を節約する」方向に向かっているかどうかということだ。

あらゆる科学技術、とくにコンピュータの急激な発達で、地球上の「距離」も「時間」も限りなく「ゼロ」に近づいている時代である。

かつては一時間かかったことが、いまは三〇分でできる、三〇分かかったものが一〇分でできるといったぐあいに、あらゆることがスピードアップしているいま、時間を節約しない商売は儲からなくなってきている時代である。

なにか事業を起こして、それが成功するか失敗するかは、「西欧化の波に乗っているか」「時間節約の方向に向かっているか」という、この二つのサーチライトで照らしてみることである。そうすれば、成功するかしないかがはっきりとわかるのである。

西欧化と時間の節約、これは流れの速度こそ国によって多少の違いはあれ、世界のビジネスの趨勢であり、日本もまた例外ではないのである。

33

コンピュータが地域性をふっとばした

いままでは「三人寄れば文殊の知恵」というごとく、ビジネスは人の力でやってきた。だが、いまはコンピュータの時代だ。世界中の情報に瞬時にアクセスできるインターネットもある。

そんな時代のビジネスは、いかに効率よく勝負するかということを第一に考えなければならない。

たとえば、マクドナルドでは、ディストリビューション・システムを効率化して、いままで毎日運んでいたものを二日に一回にするとか一週間に一回にしている。

そのために冷凍品の配送に冷凍車を使っているのだが、これも常温輸送ができるようになればいらなくなる。

実際、冷却技術が進歩して従来、冷蔵・冷凍扱いであった品も常温輸送が可能になってきているので、ほんとうに近い将来、冷凍車は不要になるだろう。太平洋を横断するにも冷凍コンテナや冷蔵コンテナはいらなくなる。

そういうシミュレーションは、コンピュータを使えばいくらでもできるし、わたしにいわせれば、だから「効率のよいビジネス」のいきつくところは、一人でコンピュータに向かってすべてを処理し、人はまったく使わないというところだということまでを視野に入れて考えるべきだということになる。

時代は、ある意味ではとても恐ろしい時代になってきているのだ。

最近、四国の高松に本拠をおく通販会社が、あたかも東京の銀座にある通販会社のようなイメージで商品を売っているのをテレビで見て、わたしは、その思いをさらに新たにした。もはや商売は銀座でなくてはとか、新宿でなくてはなどといっている時代ではなくなったのである。

いままでは、どこか繁華街の目抜き通りに大きな事務所をかまえないと商売はできないと、だれもが思い込んでいた。銀行などはその典型だ。

ところが、コンピュータが地域性などふっとばして、「時間」も「空間」もゼロに近づけているいまは、兜町ではなく新潟県の山奥にいても莫大な株の取引ができるのである。ビジネスもまた同じである。

その意味ではわが社も、こんな東京のど真ん中にいなくとも、もっと辺鄙なところにいてもいいのだ。

コンピュータとファクスと電話があれば、オフィスを東京にかまえる必要などない、どこでも商売はできるのだ。

わたしが「効率のいいビジネス」というのは、そういうビジネスのことなのである。

34 「短時間で金儲け」が可能になった

「タイム・イズ・マネー」という格言は誰もが知っているが、それを現代に適用するとどういうことになるかは、案外気がついていない。

昔、わたしが子どもだったころは、東京―大阪間を九時間で走る特急つばめ号が速い乗り物だった。

ところがいまは新幹線が東京―大阪間を三時間で走り、つばめ号の三分の一になった。もし、甲府で実験しているリニアモーターカーが実用化すれば東京―大阪間を四五分で走るという時代になっているのである。

つまり、それほど「タイム・イズ・マネー」、時間に価値が出てきているのである。

わたしたちの日常生活もまた、洗濯機や掃除機、ファクスや携帯電話など、あらゆるところで省力・情報化され、しだいに忙しくなってきた。その分、時間に価値が出てきているのである。

したがって、すべての人は、勉強でも仕事でも、まず第一にいかに早くやるかを考えなければならなくなってきた。これはまた、新しい事業を起こしたとき、時間をうまく使うことによって、非常に短い時間で莫大な金を儲けるチャンスが生まれてきていることを意味している。

昔の人は「京都の昼寝一年、田舎の三年」といった。田舎で三年仕事をしているよりも、京都で一年昼寝をしていたほうが、はるかに世の中の進歩についていけるという意味だ。

まさにその通りである。

なにしろ、昔なら三〇年かからないと実現しなかったことが、これからは三年、コンピュータを使えば三ヵ月で実現する可能性が大きいのである。

時間の価値を知っている人間こそが事業の成功者たりうるのである。

35

超スピード時代の決算は毎日やれ

わたしと同年代の社長は、コンピュータというと秘書まかせで逃げてしまうが、わたしは毎日コンピュータを使ってデータを出し、ハンバーガーを八〇円で売るためには何をどう変えなければならないかを検討し、結論が出れば即座に社員に指示している。

これはなにもコンピュータが使えるようになった昨日今日はじめたことではない。わたしは、二五歳で事業をはじめた時から毎日、五つ玉の算盤《そろばん》で、その日の売り上げ・仕入れ・人件費などを計算して「決算」をしていたのだ。

算盤は電卓に代わりコンピュータに代わったが、毎日「決算」するというわたしのビジネス原則はまったく変わっていない。

わたしはマクドナルドという〝巨大戦艦〟の艦長だ。毎日、潮の流れや戦局を読んで疾走する船を操縦しているのである。

オレは艦長だから舵《かじ》を取るのは一年一回、後は乗組員にまかせる、よきにはからえ、とおさまりかえっていたのでは、船は沈没してしまう。日本が世界に誇った戦艦大和や武蔵の最後をみればわかるように、いかに巨大といえども、だから絶対に沈没しないということはありえないのである。

わたしがコンピュータではじきだすのは「決算」だけではない。決算は過去の数字の整理である。わたしは毎日、その過去の数字と向き合うことで、これからどうするかをシミュレーションしているのである。

コンピュータのはじきだすデータにわたしの発想をぶつけて、コンピュータと「対話」し、発想を「構想」に、現実の「戦略・戦術」に具体化しているのである。

わたしは、エンデバーが宇宙に飛び出して衛星を回収したとき、あの光速にみまがうようなスピードに感嘆した。感嘆すると同時に、それと同じようなスピードを持ったコンピュータは、近い将来、人類の生活のすべてを大変革するだろう、すべての事業は「光速」でやらなければならない時代を到来させると考えた。

一日が五〇〇時間分に匹敵する時代がくる

「光速」の時代、それはコンピュータの世界、通信の世界だけのように見えるが、しかし、マクドナルドを見ても、なぜ流行っているかといえば、注文してから品物が出てくるまでのスピードが速いからだ。

コンピュータは「時間」と「空間」を限りなく「ゼロ」に近づける。いまは、世界中がその「ゼロ」に向かっている時代なのだ。

いま、コンピュータは、産業革命以後の資本主義の発展を支えてきた一次産業、二次産業の成長発展の歴史のなかで、わたしたちがなんの疑問もなく受け入れてきた「スピード」の概念を徹底的に壊している。

おそらく、あの「ウィンドウズ95」の爆発的な売れ方でわかるように、コンピュータは日常生活のあらゆる面に浸透してくるだろう。買い物だ、映画鑑賞だといちいち外に出なくとも家にいながらにして買い物もできれば映画を見ることもできるという、そんな時代は目の前にきているのだ。

世間ではこれをコンピュータ革命といっているようだが、わたしは「スピード革命」と呼んでいる。あるいは「新スピード革命」といってもよい。

その時代がくれば、一日二四時間という時計の目盛りは変わらなくとも、その中身はいまとはまったく違うものになる。スピード革命時代の二四時間はいまの一〇〇時間あるいは五〇〇時間に匹敵するものになるだろう。この新スピード時代を先取りした新しい事業こそ、輝かしい成功をもたらすものであることは間違いない。

36

これからは「富国楽民」の時代だ

わたしはいま、「マクドナルド」と「トイザ〝ら〟ス」、それに「ブロックバスター」の連合艦隊を組んで事業を展開している。

連合艦隊はそれぞれにメーカーから直接仕入れてきた品物を安い価格で提供する。それがつくりだす場は多くの人を集める〝広場〟となる。集まった人びとは、いろいろな物を見て食べて遊び、愉しむ。

物を買うというだけでなく、遊ぶ。つまり、連合艦隊がつくりだす場は、人びとにとっては〝お祭りの場〟でもあるのだ。連合艦隊はエンターテインメント産業なのである。

マクドナルドとトイザ〝ら〟ス、それにブロックバスターといった「異業種」の提携は、この「サービス・エンターテインメント産業」の時代がやってきていることへの対応なのである。

サービス業が経済システムの中心となってきつつあるいま、日本の労働力の配置を考えると、これまでの「富国」第一主義で人びとの欲望を抑えるような時代の配置とはちがって、サービス産業が中心となり、その結果は、国が富み、民もまた楽しむ「富国楽民」が国是とならざるをえないのである。

マクドナルド、トイザ〝ら〟ス、ブロックバスターの連合艦隊は、まさにその「富国楽民」の時代を先駆けているのである。

これからのビジネスは、業種がなんであれ、いかにして〝祭りの場〟をつくりだすかを考えなくては成り立たないのである。

37 人生を本気で楽しませることを考えよ

一九九四（平成六）年、世界九〇余ヵ国から一万八〇〇〇人がラスベガスに集まって、マクドナルドのコンベンション大会が開かれた。街ができて以来の大繁盛《はんじょう》というほど人が集まってきた。

MGMが建てた客室五〇〇〇室という世界最大のホテルも、エジプト政府の協力のもとにギゼーのピラミッドを完全にコピーした客室が数千室あるというルクソールホテルも、超満員だった。ルクソールホテルには、完全に復元された古代エジプトの王、ツタンカーメンの墓があった。

一九二二（大正一一）年一一月四日、イギリスのエジプト学者ハワード・カーターとジョージ・エドワード・スタンホープ・モリニュー伯が王家の谷のルクソールでこの墓を発掘したとき、数千年間眠っていた王の遺体のそばには、故人が使っていた家具やなにやかやが乱雑に散らばっていた。そして机の上にはドライフラワーになった花があったという。

散乱した家具はあわてて埋葬してしまわなければならないなにかの事情があったのではないかと、さまざまな伝説を生んだ。花もちゃんとおいてあり、それがわたしにはとても興味深くおもしろかったのだが、なんと日本人の泊まり客は皆無だという。ピラミッドは墓場だ、縁起が悪いからといって他のホテルに泊まるというのだが、もったいない話である。

またミラージュホテルの前には大きな火山がつくられていて、間歇的《かんけつ》に噴火し水が溢れている。さらに、エスクキャリバーホテルの前には海があって、一日七回、海賊船と軍隊が大砲を撃ち合い、沈没する軍艦から船長以下全員が海に飛び込んで消えるというショーがあって、それを見る人たちで超満員になっている。ホテルが、そういう大仕掛けなものをつくって全米から人を集めているのだ。

わたしは、日本で「リゾートがどうだこうだ」といっているやつは、これを見るべきだといいたい。

日本ではリゾートというと、啓蒙的といおうか教育的といおうか、楽しさがない。長生きするためにそこへ行って運動しようなどといって、人生を楽しむという雰囲気はまずないといっていい。が、アメリカでは、まず大人も子供も楽しめて、おもしろいものをと考える。そして、大仕掛けなテーマパークをつくって、ほんとうにみんなを楽しませているのだ。

要するにアメリカ人は楽しむために生きている、それが大前提なのだ。

われわれ、日本人は働かないと食えないから働く、楽しみはその次となってしまう。だから遊ぶ側も、提供する側も中途半端になってしまうのだ。

本気で客を楽しませるものをつくれば、大いに儲かると、わたしは思うのだが。

38

カジノで過疎対策はいかがだろうか

世界の文明国でカジノのない国というのは珍しい。日本だって競馬や競輪は認めているのだ。カジノを認めてもいいではないかとわたしは思う。

現《げん》にアメリカでは、インディアンのリザベーション（特別居留置）ではカジノをやってよろしいということになっていて、わたしも行ってみたが、インディアンがカジノを経営し、膨大な金が入ってくるのでハッピーだと喜んでいるほどだ。

日本人だってモナコやラスベガスでブラックジャックやルーレットに興じているのである。カジノは税金が取りやすいし、みんな喜んでやるのだからおおいにやればいいのだ。

暴力団の資金源になるからそれはできない相談だ、などというなかれ。

いまだかつて、ラスベガスのカジノで一発の銃声も聞いたことはない、それくらい平和だという。

なぜなら、カジノをつくりたい人は、六代くらいさかのぼってファミリーの系図を徹底的に調べられる。そして、一人でもマフィアがいれば許可されないようになっているからだ。

わたしは、日本では、過疎地域や離島対策の一環としてカジノをつくることを認めればいいと思う。そうすれば、カジノもまた健全娯楽で、過疎対策、離島対策の税収の増大も確実、一石二鳥三鳥となるだろう。

39 「モア・カロリー」でいくか「レス・カロリー」でいくか

最近、しきりに「ヘルシー食品」ということがいわれている。では「ヘルシー」とはなんであるか。

普通、人間が一日に必要とするカロリーは二五〇〇キロカロリーである。しかし、運動量が豊富な若い人は、それ以上にカロリーを消費する「モア・カロリー派」であり、わたしのように糖尿病をわずらっていると一九〇〇キロカロリーしかとれない「レス・カロリー派」である。

「ヘルシー」ということにこだわるあまりに「カロリー」ということを無視《むし》して、「レス・カロリーでいいのだ」と主張する人もいるが、人間をゼロ歳から一〇〇歳までという年齢の広がりのなかに見ると、その三分の一は「モア・カロリー」で、残りの七〇パーセント、年齢的には三〇歳以上は「レス・カロリー」ではあるまいか。

それではレストランはどちらをとるかということになると、消費の多い少ないでみれば、もちろん「モア・カロリー」のほうが多い。ところが、これを金額の面から見れば、かえって「レス・カロリー」のほうが多いかもしれない。

だから、レストランをやろうという人は、たんに「ヘルシー・フード」といってバランスのとれた食事を考えるというだけではなく、カロリーの問題も考えて、ターゲットをしぼらなければならない。それに、若い人がたくさん入っているレストランには中高年はなかなか入ってこないし、逆に中高年層が多いレストランには若い人は入ってこない。女性が多いところには男連れはなかなか入りにくい、といったこともある。

だから、レストランをやる人は、そういったことを充分考えた上で、自分は三〇歳までの人を相手に商売をするのか、三〇歳から六〇歳までの人を相手にして商売をするのか、つまり「モア・カロリー」か「レス・カロリー」か、どちらにターゲットをしぼるか、はっきりと決断すべきなのである。

40

アイデアに金を惜しむな

日本人には、島国育ちだからかどうか、昔からアイデアやデザインは空気と同じで「タダ」という感覚がある。外国には「パテント」という考え方が確立していて、タダでは使えない、無断で使ってはいけないということが当然となっているが、日本は、「パテント」というか「知的所有権」というか、そういうものを尊重するという慣習が希薄なものだから、形のないものは真似してもタダだとすぐ「模倣」する。

またそのマネがうまいものだから、オリジナルなものをつくっても、世界の国から「あれはマネ」だと痛くもない腹をさぐられることもしばしばである。

しかし、その「マネ」もうまくいっているあいだはまだいい。そのいい例が映画である。いま、日本の映画会社のメジャーは東宝・松竹・東映の三社だが、松竹の『男はつらいよ』（寅さん）シリーズと東映の『極道の妻』シリーズをのぞけば、映画らしい映画はないといってもいい。どうしてそうなったかというと、映画というものはアイデアの世界というかデザインの世界というか、そういったものをクリエイトしていく世界であり、それなしではいかにアメリカの映画を模倣しても模倣しきれないのである。いや、日本人の生活レベルがアメリカ並み、あるいはそれ以上にレベルアップしているのだから、なまじっか模倣したものはかえって見向きもされなくなっているのである。

かといって、たとえば向田邦子が得意とする戦前、一九三五（昭和一〇）年代の小市民生活をえがいたものがいいかといえば、そうはいかない。たしかに、あの時代を生きてきたわたしたち、六〇代、七〇代の日本人にとっては、日本家屋に簾がかけてあり塵取りが置いてあり、柱時計がかかっていて整理箪笥があるといった風景は懐かしい。ノスタルジーを誘う。しかしストーリーはとなると、すぐに戦争だとか召集だということになってつまらない。面白くない。

といって、若い人たちがつくる映画はみんなテレビ・ドラマのようなもので、それこそコクもなければ、スクリーンでしか見られないといった大きさもない。スターもいないし、女優たちは裸になることばかり考えていて、ヘアーを見せればいいといったような気分にまでなっている。そこが日本映画が観客を劇場に呼ぶことができず、さびれている原因なのだ。

しかもそのうえ、いま日本には全国で一七〇〇館しか映画館がない。アメリカは二万八〇〇〇館あり、映画は国の産業であると国を挙げて映画産業を応援している。大スターも出てくる。『ジュラシック・パーク』のように、DNA、遺伝子についての研究からアイデアをえて太古の恐竜の世界を再現していく。

そういうものを見ていると、わたしはつくづく、日本人は他人のアイデアを模倣するだけなのだが、その模倣すらもできなくなっている。これでは、アイデアに金を支払わなければならないようなビジネスは廃れていくしかないなと思う。

これからは、コンピュータのソフトをはじめ、あらゆる分野で「無形」のアイデアが多くなってくるだろう。コンピュータのソフトなど、アメリカにくらべれば三〇年は遅れているというくらい、日本は後進国だといわれている。知的所有権の問題は、いまでもアメリカと日本の間でいろいろ問題になっているが、日本人が「アイデアは空気や水といっしょでタダだ」といっているかぎりでは、ますます大問題になるだろう。

わたしは、「マクドナルド」という名前と「M」のマークを、アメリカに使用料を払って使い、ハンバーガーを日本中に浸透させてきた。そんなものはいらないといってしまえばそれまでだが、成功しているものにはそれだけの理由が必ずある。「ツキ」が理論的に解明できないように、この「理由」も理論的に解明するのはむずかしいが、である。

だから、アイデアといった「無形」のものに金を払うのは一見ムダのように見えるけれども、ちゃんと対価を払ってアイデアを使えば、その成功している「理由」もついてくるのだ。タダで模倣するよりも産業として成功するのである。

41

「金の卵」をさがすより、教育して戦力とせよ

わたしは、日本マクドナルドという会社をつくったとき、日本最高の給料を払える会社にしようと決意し、それをスローガンにしてきた。会社の業績は伸びているとか、店の数は多いとかいっても、社員がハッピーでないというのではどうしようもないからだ。

社員がハッピーであるには、月給が日本最高ということと同時に、日本の会社にどうしようもなくはびこっている学歴、あるいは学校歴というものをなくして、全社員が同じなのだということでなければならない。

実際、わがマクドナルドでは、全社員が「ハンバーガー大学」という同じ大学を出たハンバーガー学士だ。小学校しか出ていない人、中学校だけの人、高校卒、大学卒――そんな世間並みの「学歴」はなんの意味もない。会社にはそんな人事記録はいっさいない。み

んな、ハンバーガー大学で一ヵ月間トレーニングして卒業したハンバーガー学士だ。生年月日と生まれたところ、それにハンバーガー学士第何期生と、それだけしか記録していない。

だから、わたしも社員の学校歴はまったくわからないし、知りたいとも思わない。ときたま社員に「わたしは同志社大学です」とか「京都大学です」、「慶応大学です」といわれて、ああ、そうかと思うだけだ。わたしからみれば、誰もみな同じ大学を出ている人間たちなのである。

わたしは、どこの会社でも、「学歴不要」とか「学歴無用」という前に、自分の会社に必要な人材を育てる教育機関をつくればいいと思っている。そこを卒業できないのは、役に立たないということにすればいいのだ。

だからわたしは、いわゆる「金の卵」は探さない。宇宙の法則によれば、総合点が七八点ならばそれでいい。その人間をどう教育するか、教育して戦力とするかが、わたしにとっては大切なことなのだ。ほとんどの人間の能力は七八点あるものだ。ということは、普通の人をどう教育するか、ということにつきる。

日本の教育というものは、中学から高校、大学と進めば進むほど、抽象的な難しい理論をつめこむが、マクドナルドにはそんな抽象的な理論はいらない。実務がすべてである。

ハンバーガーをどのように焼いて、お客さんには「いらっしゃいませ」「ありがとうございます」と応対する、つくってから一〇分たったものは廃棄処分にするといった実戦教育で、戦力に仕立て上げていくのである。

だからわたしは、新入社員にはかならず、「この会社に入ったからには、いいことをやろうとかスタンドプレーをやろうと思うな。どこの部署にいっても、みんながいちばんイヤだな、めんどくさいな、やっかいだなと思うようなことを、率先してやってくれればいい」という。

全社員が、そういうふうに、イヤなことを自分から進んでやるようになれば、会社はさらに発展すると思うからだ。

まだ海のものとも山のものともわからない新人たちに、ひとの一番イヤがることをやる、やるだけでなく、そんな仕事はオレのところにみんなもっていらっしゃいというようになってほしいのだ。

もちろん、わたしは新入社員たちが仕事に対してどのような姿勢でいるか、わたしが望んでいるような仕事のしかたをしているかどうか、そのことをしっかり見ているし、そういう姿勢で積極的に働く社員をもっとも高く評価する。

会社が欲しいのは、伸びる社員だ

そもそも大学とは、明治初期にヨーロッパに行った人たちが、進んだ国を見て、日本はもっと進歩しなければならない、そのためには国民を教育しなければならないと考えた。ところが教育には金がかかるので、官立大学をつくって日本全国の貧乏人の子弟でも教育を受けられるようにしようということでつくったのだ。そこを卒業した人間は官僚としてこの国を発展させるために指導していくシステムをつくった。それがいまだに牢固としてぬきがたくあるのだ。

しかし、いまや時代は変わった。義務教育が四年だった明治のはじめは識字率も低かったが、義務教育が九年、いや高校をいれて一二年といってもいいいほどの現在、ほぼ一〇〇パーセントだ。それなのに、有名大学を出たという〝鑑札〟を首にぶらさげて歩いているのは、まったくアナクロニズムである。それよりも、会社での教育でその人を伸ばしていくほうが、会社にとっても当人にとっても有益なのである。

学校歴がそのまま会社の評価になる、極端な場合は、人間は日々変化し成長するものであることを無視して入社試験の順位が死ぬまでついてまわるといった愚かなことをやれば、その会社はどうなってしまうか。そんなことは大企業、いや官僚の世界を見れば一目瞭然だ。派閥抗争と出世争いで明け暮れて、会社は沈滞していくだけなのである。

ましてや大卒の人よりも一五～一六歳の人の方がコンピュータをあやつれる時代とあっては、入社後の会社での教育で伸ばしてやる方が、本人にとっても会社にとっても有意義なのである。

42 商売の殺し文句を20分ビデオで教える

説教、漫談、講釈――なんでもいいが、人間が他人の話をなんとか退屈しないで聞いている時間は二〇分くらいで、それを越えるとしだいに体が疲れてきて、話など聞いていられる状態ではなくなるという。

わたしも講演をして感じるのだが、一時間も講演する場合は、だいたい二〇分に一回、ヤマ場をつくるとか笑わせるとかしないと、聞く側の集中力はつづかない。

商品の売り込みにしても同じである。どんな商売にも、売り込みの上手な「ベテラン」がいる。ベテランにかかると、どうしてもほしいというものでなくても、いつのまにか買う気にさせられるものだ。

わたしは、大阪のミナミのバッタ屋で物を売っている人の「啖呵《たんか》」を聞いて感心したことがある。

「これ、一万円や。もちろんおまえらみたいな貧乏人はよう買わんやろう、なあ、貧乏な人。ただしだ、それを今日は一〇〇〇円にしてやる。これならおまえら貧乏人でも買えるやろ、どうだァ」というと、「ちょうだい」という人が必ず出てくる。これはサクラだなとすぐわかるけれども、しかし誰かが手を出せばつられてその気になるのも人間というものだ。次々と手が出て、あとで聞いてみると、一日で三〇万、四〇万も売り上げるという。

秋葉原にも、そういう「啖呵売」のコーナーがあって、いろいろなものを売っていて、通る人たちはその啖呵にふっと足をとめ、ついには財布の紐をゆるめている。新宿などを歩いていると、「社長、社長」と声をかける男がいる、「なに?」と聞くと、「じつはいま伊勢丹に納品にいったら、数を一つまちがえていてあまってしまった。伊勢丹には二〇万円で売っているのだけれど、二〇〇〇円でも三〇〇〇円でもいいから、買ってくれないか」という。もともと五〇〇円くらいの品物なのだろうが、普通のセールスマンのようなふうをした男にそういわれれば、つい儲かったと買ってしまう人も出てくるだろう。

クリスチャン・ディオールのネクタイを輸入したとき、どうしても売れなかった。というのは、日本製のネクタイは一〇〇〇円か二〇〇〇円なのに、ディオールのネクタイは一万五〇〇〇円から二万円するからだ。わたしは、どうしたら売れるか考えあぐね、全国のデパートを歩いてみた。

そして、あるデパートのネクタイ売り場のベテランに、「四〇歳くらいの奥さんに売るにはなんといって勧めるんですか?」と聞いてみた。

そのベテランは「一言でいいんですよ。ネクタイというのはたった一言で客に買わせることができるんです。ネクタイ売り場に客がくるでしょう。売り場には、自分が売りたいなと思っている売れ残りのネクタイがある。そのネクタイを客が手に取ったときに、すかさず近づいていって一言、たいへん上品ですね、という。客は、自分は上品なものを選んだと、うれしくなって、必ず買う」という。「似合うか似合わないかじゃない、上品かそうでないかなんですよ」といったのだ。

なるほど、ネクタイというものの五〇パーセントは男性へのギフトとして女性が買っている。ギフトだから上品なものをと思っている。しかし、なにが上品なのかよくわからない。そこへ「上品ですね」と一言いうと、効果はてきめんである。それがネクタイ売りの秘訣だと聞いて、わたしは、社員たちに「お客が来たら、上品ですね、と一言いえ、そうすれば必ず売れる」とアドバイスした。ディオールの高いネクタイはみごとに売れるようになった。

商売は道によって賢し、という。銀行は銀行で、八百屋は八百屋で、魚屋は魚屋で、それに応じた「殺し文句（セールス・トーク）」が必ずあるはずである。日本では、そういう「殺し文句」は、教わるものではなく盗むものだとされてきた。だから、企業は、時間をかけて社員を一人前に仕立て上げようとしてきた。だが、もうそんな悠長なことはやっていられない。

わたしは考えた。その道のベテランの「殺し文句」を二〇分くらいのビデオにして、新入社員教育に使ったらどうか、と。マクドナルドでは、すでに「挨拶の仕方」から「商品づくり」「商品の受け渡し」までをこまかくマニュアル化したビデオがあるから、わたしのところでは必要ないが、そういうものを必要とする企業は多いはずである。絶対にビジネスになるだろう。

43

「文化の差」、「歴史の差」を輸入する

明治以後の日本の歴史をひもといてみると、一九四五（昭和二〇）年の敗戦まで、輸出

で巨大な利益をあげた人はいない。みんな輸入で財をなしてきた。ところが、昭和二〇年以降は、焼け野原になった日本は新しい機械を入れてアメリカを凌ぐいい物を安く生産できるようになり、輸出で財をなすようになった。

だが、輸出と輸入、どちらが儲かるかといえば、長い目で見れば輸入、とくにヨーロッパからの輸入のほうが儲かるのである。

なぜか？　それは日本とヨーロッパの歴史の差である。

ヨーロッパには二〇〇〇年の歴史がある。日本だって同じではないかという人もいるだろうが、歴史の厚みが違うのである。文化の差がすごいのである。

たとえばギリシャのあちこちにある二五〇〇年前に造られた野外劇場では、舞台の上でマッチをすると、観客席の最後部、最上段にすわっている人にその音が聞こえるというのである。二五〇〇年前、もちろんスピーカーなどない時代に、舞台でしゃべっている人の声が一万八〇〇〇人入っている劇場の天井桟敷にまで聞こえるという音響効果を考えて造られているのだ。どうしてそういう建築ができるのか。そのノウハウは日本にはない。

しかし、奈良の唐招提寺《とうしょうだいじ》の講堂は、奈良時代につくられたものだが、その講堂の前に石灯籠《どうろう》が立っている。わたしは、なぜその石灯籠が講堂の真ん前にあるのか、不思議に思って住職に聞いてみた。

すると、その灯籠の位置に立つと、講堂のなかであげているお経が一番よく聞こえるという。東大寺の前にも奈良時代にこしらえた有名な灯籠があるが、これも大仏の前であげているお経の声が一番よく聞こえるところだという。

日本にも、そういうものはある。しかし、それは講堂の前のある一点ということであって、ギリシャの野外劇場のように遠くのほうまで聞こえるというものではない。そこが、わたしのいう「文化の差」なのだ。

日本は木造建築が多くて、造っては潰し、潰しては造ったが、ギリシャの野外劇場にしてもローマのコロシアムにしても、みな石で造られている。どういう計算をしたのかわからないが、素晴らしい音響効果がある。そういう二〇〇〇年の差、それを利用すれば、特別なことをしなくとも儲かるとわたしは断言する。

現にわたしは、若いときから、ギリシャまでは行っていないけれども、フランスやイタリアの物を輸入して儲けてきた。その「文化の差」を売って儲けてきたのである。

洋服にしてもそうだ。生地の質や色合い、ボタンのバランス感覚、デザイン感覚、そういうものは絶対に日本にはない感覚だ。しかし、日本人は、つい一三〇年前はチョンマゲを結ってわらじをはいて、刀を差して走っていたのだ。それと二〇〇〇年前から洋服を着ている人とは当然違う。比較してあれこれいうほうが間違っている。圧倒的絶対的な「文化の差」がそこにはある。

だから輸出より輸入のほうが儲かるのである。

ましていわんや、円の力が強くなっているいまである。かつて一ドル＝三六〇円だった為替が一〇〇円台になってきているのだ。以前に買っていた値段の四分の一で輸入できるのである。日本でつくるよりは輸入したほうがずっといい物が安くて手に入るのだ。高級ブランド物にかぎらず、日用品でも外国の物のほうがいいではないか。

わたしは、マクドナルドも「食文化」だといっている。マクドナルドの理念は「新しい食文化の創造と拡大」である。

ハンバーガーが文化として根づいたならば、儲けは無限に広がっていくということだ。いや、なにもハンバーガーに限らない。洋服でもいい、ボタンでもいい、日用品でもいい。たとえば椅子一つとっても、外国製の椅子は日進月歩で、信じられないくらい進んでいる。そういうクリエイティビティというか、創造力においては、外国のほうがはるかにすぐれている。

コンピュータのソフトウエアも、アメリカにはかなわない。どうしても着眼点というか発想力には格段の差がある。この差は、コンピュータの研究の歴史の差であり、いかんともしがたいところがある。アメリカは人種の坩堝《るつぼ》であり、さまざまな人種の遺伝子が混ざりあっているから、単一民族である日本人など思いもよらない創造力が出てくるのではないだろうか。

わたしがトイザ〝ら〟スで成功しているのも、そういう日本人にはないクリエイティビティからくるアメリカの「文化」を売っているからである。

44 みんなが食べている一番安い物にハズレはない

日本にいたのでは日本のことしか見えない。だから「西欧化」を先取りして金儲けをしようというのであれば、文化の違う外国に行って、その国で流行っているもの、ウケているものをじっくりと見てくることだ。

よく、イタリアに行ったら何を食べればいいか、ドイツに行ったらなにがいいかなどと聞かれる。そういうとき、わたしは「その国でみんなが食べている一番安いものを食べることだ。絶対にハズレはない」ということにしている。

実際、その国でみんなが毎日食べている安いもの、それが一番、うまいのだ。なぜかというと、安くてうまいから、みんな食べているのだから。

たとえばわたしの好物である大阪のきつねうどんや、わたしが成功したアメリカのハンバーガーがそれにあたる。

45 いらないものを作っても売れない

世界に誇る日本のハイテク産業は、はたして日本人の日常生活に結びついているかといえば、きわめて大きな疑問である。

たしかに、洗濯機、テレビ、音響機器、ビデオ、電話、ワープロ、ファクス……ハイテク関連の商品は、この瞬間にも次から次へと開発され、性能は高度化している。だが、それらの新製品が広範な消費者の支持を得ているかといえば、そうではない。テクノロジーは高度になっているが、それを駆使した新しい家庭用電気製品が売れなくなっている。秋葉原の大手電気問屋がパンクしたのは、ハイテク産業が国民の日常生活と乖離していることのなによりの証左なのだ。

日本のハイテク産業はアジアの諸国とくらべれば格段に進んでいるのにもかかわらず、消費をともなっていない。簡単にいえば、いくら新しいものをつくっても売れないのは、つくらなくてもいいものをつくっているからなのではないか。

しかも、それは日本の国内だけの問題ではない。

考えてみよう。

八九年、ベルリンの壁が崩壊して米ソの対立がなくなったとき、われわれは、これからは西側のものが東側に急速に大量に流れ込み、消費され、旧東側の生活レベルが上がると思った。たしかに、旧東側諸国は、西側のものを欲した。しかし、彼らが欲したものは、たとえばロシアではいま洗濯機がいるとか、中国ではエアコンより扇風機だといったように、われわれがすでに手に入れたものよりも、一時代前のものだったのだ。

ところが、冷戦体制下、ロケットや大砲、飛行機、軍事衛星など軍需産業が主軸となっていたアメリカやロシアはもちろん、軍事ハイテクノロジーを応用したというか、その発達に負うところがきわめて大きい先進資本主義国の産業は、そうした民衆の日常生活の要求を入れて、〝なべかま〟をつくるといった変換には対応しきれない。

日本がいま扇風機をつくって中国に売ることができるかといえば、もっと進んだエアコンをつくることはできて、扇風機はつくれないというように、世界的に産業のつくるものと消費者の求めるものは噛み合っていないのである。

これを要するに、日本は戦後五〇年間、一貫してアメリカ式に「大量生産・大量消費」を金科玉条《きんかぎょくじょう》としてより新しいもの、より新しいものをつくり、それをたとえば「三種の神器」とか称して消費者の購買意欲をかきたてて売ってきた。その製品をアジア諸国に売ってきた。それがいま極限に達して、気がついてみれば、それらの国も、ものをつくれるようになっている。しかも、彼らがつくるもののほうが、人びとが求めているものに近いのである。日本は、人びとが本当に必要とするものをつくっていないのだ。

日本の製品といっても、実際にはその八〇パーセントは香港や台湾やシンガポールやマレーシアといったアジア諸国でつくっている。そういったところが〝自前〟で国民のニーズに対応したものをつくるようになっているのだ。日本なんか「お呼びじゃない」のは当然である。

われわれは、アフリカとか東南アジアにはエアコンではなくて扇風機があればいいのだという人が無数といってよいほどいることを忘れ、そうした人びとに無縁のものを大量生産してきたのだ。それが資本主義の本道だと信じてきたのだ。しかし、これは、世界全体から見れば、大いなる空回りなのである。

最近、アフリカとアジアを往復してみて、わたしが痛切に感じるのは、いままでのわれわれの考え方は一面的だったのではないか、ということだ。戦後一貫して持ちつづけた「アメリカがわれわれの到達すべき理想であってアジアは発展途上国だ」という考え方は、きわめて短絡した考え方だったのではないか、ということである。

ゴミ一つでも捨てれば強制労働だという徹底した官僚国家主義体制のシンガポールと、対照的に国家なんぞはどうでもいい、何をしようと自由だという香港、両極端でありながら共に繁栄している現実を見ていると、統制でもなく自由競争でもない日本は実に中途半端で、だから行き詰まってオタオタしているという感をぬぐえない。

日本はいまや「経済」のみを云々していても何も解決しない、「人間の生活」とはなんぞやということを真正面から取り上げ、考えていかなければならない時代になっているのである。

46

安くて便利なものを作れば売れる

一九九五（平成七）年の三月に四三三万台だった携帯電話が今年の三月には一一〇〇万

台になっている。ということは一年間で八〇〇万台も売れているということになる。

わたしが移動式電話というのを自動車に付けたのは一六年前だった。初めて無線電話ができた年だったが、そのときは二〇万円の保証金をNTTに積んで、器械の代金を八万円払い、毎月の基本料金が三万円だった。そして通話料が三分間二六〇円だった。

それがいま、申し込み費用が五〇〇〇～七〇〇〇円、本体の代金が二万から三万円、基本料金は二〇〇〇～七〇〇〇円、通話料は一八〇円になった。二八万円も払っていたものが三～七万円。そのくらい安くなっている。

だからものすごい勢いで普及して、一年間で八〇〇万台も増えた。今後もますます増えていくだろう。

近い将来、世界中、全部通話できるようになって通話料も一分間に二ドル、二〇〇円くらいの固定料金になるのではなかろうか。ロンドンへかけようと、パリへかけようと、どこへかけても一分間に二〇〇円という統一料金の時代になるだろう。

ともかく携帯電話に加入する際の費用が二八万円からタダ同然になった。一年間で八〇〇万台も増えていることからみて、生活に非常に便利でしかも安いものであれば、いくらでも売れるということなのである。

47

ビッグ・ビジネスは中古市場にもある

まだ耐用期間は充分あるのに、新しい製品が次々とつくられ、古いものがどんどん不用になっていっている。

たとえば一九九五(平成七)年三月、マクドナルドは本社に新しくコンピュータを六六〇台入れたが、九六(平成八)年三月、横浜のオフィスに一〇〇台入れたコンピュータと対応できなくなりつつあるというように、コンピュータの寿命も非常に短くなっている。

こうした傾向は、なにもオフィスだけでなく、家庭にも顕著にあらわれている。洗濯機やテレビなども毎年新しいものができてきて、修理に出すよりは買い替えている人も多い。つまり、いままでは、一〇年なら一〇年使ってボロボロになったから棄《す》てて新しくするということでよかったのだが、現在はそうはいかなくなってきているのである。耐用年数でいえばまだ寿命は充分あるものでも、次々と新しいものができるし、それに取り替えていかないといけないような、そういう時代になっている。寿命はあるのだが不要だ、というものが増えてきているのである。

となると、これからは、そういう「寿命はあるが不要になっているもの」をどういうふうに再生していくかということが、一つのビジネスとして成り立つのではないか。

中古の洗濯機や冷蔵庫やテレビといった家庭用のものは、ガレージ・セールだとかいった形で、棄てるのではなく再利用しているようだが、あれはまだ残念ながらビジネスとして成り立っているとはいえないし、そうなるにはむずかしい問題がいろいろある。

しかし、すでにそういうビジネスが成り立っているものとしては、中古自動車の販売がある。新車ではなく、中古自動車を修理して売るビジネスがビジネスとしてりっぱに成り立っているのだから、たとえばコンピュータなどは同じようなビジネスがりっぱに成り立つのではないか。

48 ものを捨てさせることを考えよ

日本に来たインド人が、日本のお寺に行って驚いたことは、自分の国の仏さまと同じ仏さまがすわっていたことだという。「日本の仏陀は、縮れた髪の毛ではなく直毛の綺麗な仏さまであるべきではないか」というので、わたしは、「日本の仏陀はインドから中国、韓国を経由して来たのだからしかたがない」といったのだが、考えてみると、日本人は長い間、仏教文化と儒教文化で来たために、いまだにその文化がしみついている。

物を捨てるのはもったいないという道徳律にいまだにとらわれているのもそうだ。

しかし、わたしはよく外国人の家に招かれて食事をしたりするのだが、驚くのは、彼らは絶対に残り物を冷蔵庫に入れたりはしないことだ。日本人は、残り物は冷蔵庫に入れて明日食べようとする。それが先祖伝来の美しい習慣として身にしみついている。ところが、外国人は惜しげもなくどんどん捨ててしまう。

「節約」ということは彼らにとっても美徳ではあるのだが、節約についての考え方が日本人とはまったく違うのだ。日本人は、なんでもかんでも「もったいない」といって捨てるのをきらうが、もったいないということと、捨てるということは、彼らにとっては対立する考え方ではない。ほんとうに大切なものと、そうでないものとの判断が、彼らの場合はきっちりとできているということなのである。

彼らは、日本人が見ると「エッ?」と思うようなものまで平気で捨ててしまう。日本人のように、こわれたり不要になったものや、荷造り紐といった、いつ使うかわからないようなものまで残すようなことはしない。だから、アメリカの家庭を見ると、どこの家でも実にすっきりしている。

わたしも、三年間使わなかったものは捨てるということを習慣にしている。いまは物が豊かであふれている時代である。新しくてもっといいものが後から後からつくられている時代である。三年も使わなければそれはいらないものに決まっている。

もったいないという精神はわかるが、この生活がスピード化している時代に、ほとんど不要なものをいつまでも持っていては対応できないではないか。

わたしは、新しいビジネスは、コンピュータ時代にふさわしく、人にどんどん「ものを捨てさせる」という発想を持つべきだと考えている。古いものを捨てさせなければ、新しいものは売れないではないか。

49 一パーセントを狙っても充分ペイできる

自分の売りたい商品は、何歳に向いているのか、まずターゲットをはっきりさせ、そのターゲットとする年齢層はどのくらいいるのか。それを調査した上で商品を生産し販売していかなければならない。そんなことはビジネスのイロハだ、なにをいまさらという人がいるが、そういう人に限って、ターゲットをしぼりきれずに「全天候型」になってしまい、失敗してしまう率が非常に高いのである。

「全天候型」というのは、現在のように価値観が多様化し、趣味嗜好が多岐にわたっている時代には、およそ不可能なことなのである。また、その必要もないことである。日本の総人口は一億二五〇〇万人なのだから、そのうちの一パーセントを狙ってビジネスが成立すれば、それで充分ペイするのである。二パーセントもいればもう充分すぎるくらい充分なのである。

団塊の世代とジュニアを狙え

同じものをたくさん買う率が高いのはベビーブーム世代である団塊の世代だ。少子社会のいまターゲットにすべきは、団塊の世代であり、その子どもたちだ。

彼らが多く住んでいる地域をマクドナルドの来客層と重ねて調べてみると、東京でいえば国道一六号線の沿線という答えが出た。従来は七環や八環の周辺だったが、いかんせん土地もマンションも高い。そこへいくと一六号線の沿線では一戸建てを手に入れることができるからだ。

国道一六号線は、横須賀、町田、八王子、羽村、狭山、上尾、川越、岩槻、柏、千葉を通って君津に至る道路である。クルマ社会の住民には、便のいい道路である。

だからわたしは、超大型ディスカウントストア、トイザ〝ら〟スも相模原にオープンしたのだし、千葉、市原、柏、岩槻につづいて今年中に川越にも出店する。アメリカの大型ディスカウンターが日本に店を出したいというときは、一六号線沿線に出せとアドバイスしているのだ。

いまのような住宅事情がつづくかぎり、団塊の世代はますます一六号線沿線に集まるだろうし、大型店も続々店を出していく。こうした展開があれば、国道一六号線沿線は、今後ますます脚光を浴びてくるだろう。わたしは、トイザ〝ら〟スを相模原からスタートさせた自分の戦略眼に絶対の自信をもったのである。

大店法という規制のなか、おもちゃの流通を変え、わずか五年で全国五〇店舗にまで急成長したトイザ〝ら〟ス成功の秘密は、ターゲットとロケーションをしぼり込んだことにあるのだ。

50 就職難を嘆くより一芸を磨け

名古屋に女子商科短期大学（現・名古屋経営短期大学）という学校がある。全国に一つしかない女子の商業短期大学で、学生は全国から集まっている。

この大学の池田英二副学長は、わたしの旧制松江高校時代の一年後輩で、学生大会などではつねに右と左にわかれて丁々発止《ちょうちょうはっし》やりあった仲だ。その池田副学長の依頼で講演したときに、わたしは、コンピュータに習熟していればいくら世間が就職難だといってもあなたがたは絶対に大丈夫だと話した。経理のソフトや人事のソフト、仕入れや在庫管理のソフト、いろいろなビジネス上のソフトを自由に操作できるようになれば、会社からは引く手あまた、娘一人に婿八人だ、昔の美人はいまはコンピュータの使い手だと、そういう話をした。

実際わが社では、いろいろなソフトを使いこなせるという人は即座に採用しているのである。

また、わたしが会長をしている輸入商社の藤田商店にアルバイトで入った女性が、イタリア語ができるというのでイタリアに商品の買付けに行っていい成績をあげたという実例もある。

わたしは最初、「外国に買付けに行くには一〇年くらいの経験がいる。それなのに会社に入って半年ぐらいで大丈夫かな?」と危惧したのだが、いざやってみると、他の社員が一ヵ月くらいかかるところを彼女は二週間でやってしまったのである。イタリア語という、日本ではまだできる人が少ない外国語をマスターしているという特殊性はあるにしても、その技能を最大限に活かした彼女の例は、これからの女子大生には大きな励《はげ》みになるものだ。

就職超氷河期だ、とくに女子大生は受難の時代だといっているが、人材派遣会社にいわせると、求人はものすごく多いという。これは、いまや企業が一芸に秀でたエキスパートを求めているということの表れだ。

女子であろうと一芸に秀でていればその能力を評価する。仕事はしたいが、毎日朝九時から五時までの会社勤めは自由がないからイヤだという人は、すべからく〝一芸〟を磨いて、それを活かす技能者になればいいのである。

51

何のために広告に金を使うのか？

わたしたちは、テレビの時間を視聴率が何パーセントあるかということで買っている。たとえばマクドナルドは視聴率二〇パーセントの番組のCMタイムを買っている。

視聴率二〇パーセントの番組というと、夜の七時～九時台、いわゆる〝ゴールデン・タイム〟の番組だということになっているが、しかし考えてみると、昼のメロ・ドラマであっても二〇パーセントの視聴率があれば、二〇パーセントには変わりはないのである。しかも、料金は昼の二〇パーセントのほうが格安である。

となれば、昼と夜と、見ている視聴者の質は違うけれども、宣伝という観点からすればほとんど変わりはない。しかも、視聴率二〇パーセントといっても実際には一六パーセントのときもあれば二四パーセントのときもあるといったように毎日変動しているのである。そうなれば別にゴールデンタイムであるかどうかは関係ないということになる。

要は、いかにそのCMが視聴者の間に浸透し、企業イメージを浸透させ売り上げを増加させるかにかかっている。だから、わたしは視聴率二〇パーセントという線は譲らないが、その二〇パーセントが夜のものか昼のものかは原則として問わないことにしている。

それよりもわたしは、その時間に流すコマーシャル・フィルムに注意を払っている。

コマーシャルフィルムの制作費は、だいたい二〇〇〇万〜四〇〇〇万円である。なぜそんなに差があるのか、実に不思議なのだがとにかく現実にはそうなっている。しかし、電波料は、視聴率二〇パーセントの番組に一週間放映するとすれば三億円あるいは四億円である。マクドナルドの場合、九六年はおそらく一二〇億円にのぼるだろう。その電波料にくらべればコマーシャル・フィルムの制作費など安いものだ。だから、高い電波料を払うことを考えればコマーシャル・フィルムはいいものでなければもったいない。

最近、マクドナルドのコマーシャル・フィルムで評判がよかったのは、父親と子どもが野球をするフィルムだ。父親が三塁まで走って塁上に立っていると、子どもがポテトを持ってよってくる。父親は「来てはいかん」というが、子どもが「パパ、パパ」と寄ってくるからポテトを食べていてタッチアウトというフィルムだが、これは好評だった。また、よちよち歩きの子どもが、お母さんが「いらっしゃい」と呼《よ》んでいるのに、ポテトを持っているお姉さんのほうに行ってしまうというフィルムも評判だった。

高校生がマクドナルドで働きたいので写真ボックスで写真を撮っている。彼女は持っていたポテトとビッグマックを友達に預けている。友達が「ポテト食べていい?」という、「いいよ」といって写真を撮っている。ポテトを食べてしまった友達が「ビッグマック食べていい?」というと、今度は「ダメよ」というCMは、なにかの賞をとり、その主役の女の子はこれをきっかけにタレントになってしまったというCMもある。

広告はあくまでも「金儲け」のためにある

このように、いいコマーシャル・フィルムをつくれば、放映時間はどうであれ、視聴者の印象に残るものだ。日経新聞の会社知名度全国調査によると、トップはソニーで第二位が日本マクドナルドだったというのも、こうしたCMの浸透力の結果が大きいだろう。

こういったCMを「イメージ広告」というのだが、イメージ広告はほんとうにいいものをつくらなければならない。わたしはこれまで何度、最終的にキャンセルしたことか。

テレビ評論家という人種がいてああだこうだと〝批評〟しているが、あんな批評は、わたしにいわせればほとんど役に立たないのである。

広告は絶対に「人を教育するため」のものではない。あくまでも「金儲けのため」のものなのだ。えらそうに何かいって世の中を「啓蒙」するような広告があるが、あれは広告ではない。

金儲けのための広告には二つの方法がある。

一つは「イメージ」をつくる広告であり、もう一つは「モノ」を売る広告である。強力にモノを売る広告とイメージをつくる広告、これはまったく違う種類の広告である。

わたしは、その比率はイメージが四分でモノを売ることが六分だと思っているし、マクドナルドの宣伝はみなその比率で行なっている。

だから、広告は、何人かの人がいれば、そのなかのもっとも幼稚な人にわかるようにしなければならないのだ。生意気なこと、えらそうなことをいってお説教し啓蒙して、それがいくらインテリにほめられても会社にはなんの意味もない。かえって、そんなむずかしいことをいう会社は、と敬遠されるのがオチなのだ。

52

日銀株はなぜデノミに強いのか？

日本の「円」は、国際的にも国内的にも経済の実態と乖離しつつある。いままで何度もいわれながら実現しなかった「デノミネーション」も、ついに近い将来、実行されるのではないかという観測が真実味をおびてきている。

デノミネーションとは、簡単にいえば、一〇〇〇円が一円になったり、一〇〇円が一円になったりすることだ。つまり自分の持っているお金はすべて一〇〇分の一、一〇〇〇分の一になるのだが、その影響を受けないでそのまま残るものがあるはずなのである。残ったものは、一〇〇倍になり一〇〇〇倍になるのである。

わたしはかねがね、そのときに備えて「日銀株」を買うようにすすめている。

なぜかというと、日銀の資本金は一億円だ。デノミネーションで一〇〇分の一になれば一〇〇万円ということになるのだが、どう考えても日本の中央銀行の資本金が一〇〇万円ということはありえない。一億円は一億円のまま残るはずである。

しかも、そのバランスシートを見ると、金の地金二一五六億円、現金三四三一億円、貸付一兆九一七九億円、借入手形七兆九〇〇〇億円、国債三二九兆円で、九五年一年間で約七〇〇〇億円の利益をあげている。

資本金一億円で七〇〇〇億円も利益をあげている会社は、日本中探しても他にはない。日銀の株はいま店頭登録株として上場され、九月五日現在の終値は一株一七万円。これは買っておく手である。

しかも、この資本金は「戦前」の一億円だ。いやしくも日本の中央銀行である日銀の資本金が一億円というのは、だれが考えてもおかしい。一〇〇〇億円でも一兆円でもよいのである。にもかかわらず、資本金を一銭たりとも増額しないということは、日銀自体が、その一億円をデノミの影響は受けないと見ているからである。ということは、デノミネーションが実行されても、日銀の資本金一億円はその影響を受けないで、その額面のまま残る、ということだ。

デノミネーションが実際に行なわれたとき有利なのは日銀の資本金だけではない。日本国が発行した古い債券、戦争前に日本政府が発行した国債や日清・日露両戦役の国債なども、あれば大きなチャンスである。

他にもデノミネーションの影響を受けないものはあるはずである。

デノミになっても一〇〇万円は一〇〇万円という、ノンアポプリエイト・インシュアランスという保険もある。日本では売っていないが外国では売っている保険で、ただし期間は短くて、一年以内にデノミネーションがあった場合は、一〇〇万円はデノミ後の一〇〇万円で返しますという保険だ。そのかわり保険料は一〇〇万円に対して二〇万円と高い。もちろん掛け捨てで、だから一〇〇万円の保証も五回掛ければゼロということになるけれども、合法的にデノミの被害から逃げようとする人にはチャンスなのである。

53

預金も株も不動産もダメな時代の蓄財法

金はいま一グラム約一四〇〇〇円だ。一〇年前は二〇〇〇円していた。わたしはずっと買っていて損をしているけれども、しかし依然として、いかなる状況にあっても、もっとも頼りになる財産は金だと確信している。

なぜかというと、モラトリアムとなって、流通している紙幣も銀行預金も無効だとなれば土地しか残らないが、土地は急に買うことなどできやしない。金ならば一グラム約一四〇〇〇円で買える。いまから金を買って持っていれば、モラトリアムになって、あなたの持っているおカネは使えませんよ、紙幣も無効です、貯金もダメですとなっても、逃げられるからだ。

昔、「ダイヤモンドは永遠なり」という言葉があった。人びとは万一に備えてダイヤモンドを買っていた。ところが、かつて一カラット一〇〇万〜一二〇万円だったダイヤモンドもいまは一カラット二〇万〜三〇万円とまさに二束三文に下落している。なぜ下落したかというと、あの当時は一ドル三六〇円だったのだ。つまり三六〇万円で買ったダイヤモンドがいまや一〇五万円と約四分の一になったのだ。

そういう意味では二〇〇〇円が一四〇〇円と、七割になった金はより安全である。安全というのは、今日一〇万円で買えば明日も一〇万円だという意味ではない。目減りの度合いが少ないということで安全なのだ。

ということは、金の相場は世界中とつながっているからだ。日本の金相場は即ロンドン、ニューヨークの世界相場につながっていて、日本だけの相場ではない。ロンドンの金相場が一オンス四〇〇ドルとするなら、それをその日の為替レートで換算していくらと決められる。だから円安になれば金価格は上がるのだ。

増えないなら、金で安全を買うという考え方

一方、金鉱を掘っても金の含有量は非常に少ないので、一オンスの金を掘り出すのに三〇〇ドルぐらいかかるという。原価が三〇〇ドルでマーケット・プライスが四〇〇ドルだが、金の価格はこの原価より下がることはない。原価を割れば誰も掘らなくなるのだから、下限は決まっている。だから世の中どうなろうと、金の価格はそうめちゃくちゃに下がることはない。

だから、と、わたしはみなさんにアドバイスしたい。貯めるのは現金だけではありませんよ、と。日本人もそろそろおカネを貯めるのではなく世界通貨である金を貯める方向へ行かなければならない、世の中はそういう方向へと進んでいるのですよ、と。

わたしがいいたいのは、世界相場があってあまり変動しないものにリスク・ヘッジしていくのがこれからの長期的財産分散術だということだ。

これまでは、現金三分の一、株式三分の一、不動産三分の一と、財産三分法といわれていたが、いまや日本では現金も株もダメなら不動産もダメになっている。となれば、財産三分法は完全にアウトだ。だから、わたしは、金・銀・プラチナ・銅・アルミニウムといった国際商品、なかんずく金で逃げるしかないというのだ。金を買って、いままでのようにいかに増やすかではなく、いかにタダになるのを防ぐかという方向で財産を分散させていくのだ。

ともかく、世界を見渡すと、こんな混乱というか行きづまりになっているのは、ロシアと日本だけだ。それ以外はみんな伸びている。あんなに赤字のアメリカでさえ発展している。本来なら、日本こそ大発展していいのに、膨大な貯金をかかえて四苦八苦しているなど、考えられないことが現実になっている。こうなったのは政治が悪いからだといってみても、それはほとんど愚痴でしかない。政治がよくなるという保証などありはしない。

となれば、くりかえすが、この破局的状況を切り抜けるのは個人の才覚でしかない。政府なんか当てにしないで、中国と同じように自分で財産を確保していくことだ。これには金だ、と、強調しておきたい。

54 相手の宗教を知って交渉にあたれ

米ソ冷戦構造の崩壊以後、世界は三極鼎立の状況にある。キリスト教とイスラム教、仏教である。

イスラム教とキリスト教と仏教（日本では特殊日本的なそれだが）の違いは、日常の生活と宗教の距離の濃淡にある。

日常生活と宗教がぴったりと密着しているということでは、イスラム世界はぬきんでている。

イスラム教徒たちは、一日に五回、なにをしていようとも時間が来ると、聖地に向いてひざまずき、コーランを唱えて礼拝する。会議中であろうと遊びの最中であろうと、そばにだれがいようと関係なく礼拝する。ほとんどの女性は、コーランの教えに従ってベールで顔を隠している。

またたとえばマレーシアとかインドネシアに行けばわかるが、彼らは夕方になっても酒は一滴も飲まない。わたしたちは、彼らとビジネスの話をしていても、夕方になると酒がないとなにか落ちつかない。ビールぐらい出したらどうかと思うけれども、彼らにはそういう感覚はカケラもない。彼らは、子どもといっしょで、夕食となればお酒なんか飲まないでいきなりメシを食べるのである。

要するに、イスラム世界にとっては、聖域と俗世間の区別はなく、日常生活全体がモスク（イスラム教の教会）と同じように「聖域」なのである。

これに対してキリスト教徒は、一週間のうち六日間悪いことをしても、七日目に教会に行き「神様、悪うございました」と懺悔してはればれとした気分になり、そしてまた次の週の六日間悪いことをする。

ところが、仏教（儒教）徒であるわたしたち日本人には、イスラム教徒におけるように日常生活が「聖域」でもなければ、キリスト教における教会のようなものもない。宗教は葬式のときに関係があるだけで、日常生活とはいっさい無縁である。

つまり、イスラム教徒は一年中、俗世間なき「聖域」に住み、キリスト教徒は一週間に一回「聖域」で心を洗い清めているのに対して、日本人は一年中「聖域」なき俗世間のなかにどっぷりとひたっているのである。

日本人が「イスラムのことはわからん」と、理解しようとする努力をはなから放棄してしまうのは当然である。日常がオール聖域で酒を一滴も飲まない人びとのことを、年中なにかといえば酒を飲んでいるものがわかりえようはずがないではないか。

逆に、新幹線のビュッフェで朝からビールを飲んでいる日本人は外国人の目には異様な光景にうつるという。

日本人とイスラム教徒、日本人とキリスト教徒の間にはこういった宗教上の特性、人種的な特性があるということをわかっていないと、キリスト教徒と一所懸命交渉したとしてもほんとうの意味での理解に達することは非常に難しいのである。

日米経済摩擦についても、何年がかりで交渉をつづけていても、なかなか全面的な相互理解が成り立たないのは、基本的にクリスチャンであるアメリカ人と、本質的には無宗教でオール凡俗の日本人とではものの考え方が違うからなのだ。

アメリカ人は、月曜日から金曜日までディスカッションして土曜日は休み、日曜日には教会に行って心を清め、また月曜日から日本との交渉に入る。ところが日本人は土曜日、日曜日となればゴロ寝してテレビを眺め、酒を飲んでいる。そういう俗世間の俗物と、たとえ一週間に一回でも心を清めている人間では、ものの考え方が違うのは当然ではないか。

こうした宗教の差を自覚することは、政治家はもちろんのことだが、われわれビジネスマンにとっても必要不可欠のことである。それを知らなければ、世界相手のビジネス戦争で勝利することはできないのである。

55 これまでの物差しを捨ててジャンプしないと進まない

吉本興業が和歌山県に保養所をつくろうと土地を造成していたら水が湧いてきた。とてもいい水なので、身体障害者の人が働く作業所をつくってその水をビンにつめて売っている。商品名がいい。「てんねんでんねん」というのだ。

ただの一回もテレビやラジオで宣伝していないが、これが年商六億円はあるという。吉本のタレントたちが「ウチの会社はまたしようもないアキナイはじめよった、『てんねんでんねん』いう水商売やってまんねん」と舞台でしゃべるのが宣伝になっているからだ。

さすが吉本だと大笑いしたのだが、わたしには新しい時代に対応した新しいやり方を示唆するものと思えたのだ。

　他のメーカーのように、水の産地を売りものにするのではなくて「てんねんでんねん」と名付ける発想は、わたしたちの〝常識〟という物差しでははかりきれない時代の感覚をとらえている。陸上自衛隊の最精鋭部隊、第一空挺師団からオウムの信者が出て爆弾をつくるという、ちょっと信じがたい時代、その現実を、である。

　とにかく、とわたしは考える。時代はもはや従来の物差しでははかりきれなくなっているのだ。それならば、政治家も経済人も、すべてのリーダーたちはこれまでの物差しを捨てて、もっとドラスティックにジャンプしないと、どうにもならないのではないか。経済の破局も、そういう解決策を出さないといけないのではないか、と。

　藤田さんは、早く予言しすぎる。あなたがいうことはみな、しばらくしてから現実になってくるといわれるが、わたしは霊能者ではない。そこにある現象を見て、それがどう変化していくかを考え、予言しているのだ。予言に現実がついてくるように見えるとすれば、それはわたしが他の人よりもいささか早く新しい現象をつかむ物差しをもっているということにすぎない。

　なぜそうなるかは、わたしが、ハンバーガーを日本に持ち込むことによって、日本の食文化を変え、新しい食文化を創造し拡大してきた二五年間という蓄積をもっているからだ。

それで世の中を変えてきたという自信が、わたしの物差しをたえず従来の常識にとらわれないドラスティックなものにみがきあげているから、現実の地下水脈を流れるものを人より早くとらえることができるのである。

56 成功の秘訣は才能と努力、プラス運である

一九七一（昭和四六）年七月二〇日に日本マクドナルドが銀座三越に一号店を創業して満二四年目のその日に、当時、三越の専務として積極的に支援していただいた岡田茂氏が亡くなった。

日本マクドナルドはその時点で一四八一店舗、年商二五〇〇億円超という日本最大の外食産業となった。日本外食産業の一ページを開くのに理解を示していただいた岡田さんの御冥福を祈るばかりである。

東大法学部在学中にＧＨＱの通訳を務めながら輸入商社「藤田商店」を創業以来、起業家としてわたしは、「人間、才能や努力だけでは成功できない、大事なのは運《うん》だ」といい

つづけてきた。

わたしが日本マクドナルドを創業したのは四五歳のときだが、そのきっかけは、アメリカの友人がシカゴのマクドナルド・コーポレーションの創始者レイ・クロック社長を紹介してくれたからだ。

そのとき、わたしは、ハンバーガーを日本で、とは思ってもいなかった。

ところが、クロック氏と二〇分ほど雑談していると、彼が突然、「藤田さん、ビジネスとはあなたのいうとおりのことだ。あなた、日本でハンバーガー・ビジネスをやらないか」といった。わたしは少考し、「アドバイスは受けるがオーダー（命令）は受けない。それでよければやる」と答えた。そくざにクロック氏は、「ＯＫだ。絶対に成功させてくれ」といった。それが、七一年の銀座三越一号店となったのだ。

それから四年後だったか、九州から一六歳の少年がわたしに会いたいと上京してきた。わたしは、忙しくて時間がないと断ったのだが、彼は一週間、毎日、会社を訪ねてきた。その熱意にほだされてわたしは彼に会った。

彼は、「わたしは九州鳥栖の出身で、これからアメリカに行って勉強したいのですが、なにを勉強したらいいでしょうか。自動車とか飛行機とか石油とか、学びたいことはいろいろあるのですが」といった。

わたしは「今はこの部屋くらい大きなコンピュータを使っているが、遠からずハンディなものになるだろう。アメリカに行って勉強するならコンピュータしかない。コンピュータだけ勉強していらっしゃい」とアドバイスした。

「わかりました」といって少年は、アメリカでコンピュータを勉強して帰国、日本ソフトバンクという会社を創った。ソフトバンクは九四（平成六）年に上場して五〇円の株が一挙に一万九〇〇〇～二万円になるほど急成長した。少年の名は孫正義《そんまさよし》――といえば、「ああ、あの人か」と思い当たることだろう。

新聞王マードックと組んでのテレビ朝日株の取得、アメリカのコンピュータ会社の買収と、日本の〝ビル・ゲイツ〟といわれている最近の孫正義くんの華々しい活躍とひきかえ、ひっそりとこの世を去っていった岡田茂氏とわたしの二五年を想いだし、栄枯盛衰は世のならいとはいえ、感慨ひとしおである。

それにしても、わたしがクロックさんに出会ったり、三越の岡田専務や孫くんに出会ったりしたのは、お互いに運だと思う。

人生は才能と努力だけでなく、運が大きく左右するものなのである。

第4章

規制緩和なき日本に明日はない

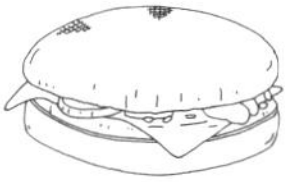

57

危機意識ゼロで生きてきた日本人

わたしは、政治がこんなにガタピシしていても、日本がなんとかもっているのは、明治以後一三〇年では払拭しえない幕藩体制二六〇年の精神構造がいまだに残っているからだということとは否定しない。

一九四五（昭和二〇）年八月一五日、太平洋戦争が終わったとき、日本国民の六〇パーセントは、政治にはわれ関せずと黙々とコメをつくっていた農民であった。彼らは、政治から苛斂誅求《かれんちゅうきゅう》されてはいたが、しかし自分の食うコメだけはなんとかなっていた。

黒澤明の映画『七人の侍』を思い出してほしい。村びとたちは、ああしろこうしてくれといったところで、政治家はなにもしはしないし、してくれる可能性もないと思い定めて、なんとかコメを食って生きのびてきた。一見、虐《しいた》げられた民のように見えて、実はしたたかなのである。しぶといのである。

〃東京人〃といえばまことにスマートに見えるが、その実は「政治なんぞ没関係（関係ない）、政治家への期待なんぞは没辨法（なにも言わない）」と、しぶとくしたたかに生きているさまを見ていると、幕藩体制の精神構造はここにも厳として存在していると嘆息せざるをえない。

なに、江戸っ子といったって、秀吉が家康に「お前、江戸へ行け、あそこにはなにもないから大阪の漁師を三〇人ほどつけてやるから」といい、家康が海を埋め立ててしだいに街を造っていった、そのいわば開拓民の末裔ではないか。つまり元は田舎者であること、現代の〝東京人〟と変わらない。

それに加えて、日本列島の周りをかこんだ海が自然の障壁となって、外国からの侵入は鎌倉時代の元軍の襲来と敗戦後にアメリカ軍が来たという二度しかない。

しかも、二度目は「占領軍」を「進駐軍」といいかえる言葉のマジックで、外敵侵入のショックをやわらげている。

それに日本列島は気候温暖で、ライオンやトラといった猛獣はいない。

四季があり気候温暖、ヨーロッパやアメリカやアフリカや中東のように他国と境を接した「国境」があり、たえず緊張した問題がおきるということのない恵まれた自然環境と、二六〇年継承しつづけてきた幕藩体制の精神構造のなかで、日本人はのんびりとしていて、いつの時代も危機意識などは希薄で生きていられたのだ。

58

水も安全もタダではない

「日本人は水と安全はタダだと思っている」と喝破したのはイザヤ・ベンダサンだが、まさにしかり。だから日本人はいつの時代も危機意識なく気楽に生きてきた。だが最近、ようやく水も安全もタダではないということがわかりはじめてきた。

しかし、一方では、さかのぼれば徳川時代に発するいろんな規制があって、せっかく気がついてきたことも実行できない。

たとえば水にしても、その危険性も増大してきた。O157という病原性大腸菌で、堺市の何千人という児童が被害をうけた。これは、誰が考えても水に関係のある食品が原因である。そこに気がつかなければならない。

もしかすると牛肉ではないかとか、野菜ではないかといっているが、そうではなくて、なにか水を媒体にしたものによって、O157はたくさんの人に感染するのだ。

水道か井戸水かわからないが、ようするに、水に関係があるということに気づくべきなのだ。つまり、水はタダではなくてむしろ危険なものになってきているのだが、いろいろ規制があってなかなか思うようにいかない。

安全にもいろいろ規制があって、たとえば戦車や飛行機といった軍事関係のものは生産できない。が、お隣の中国や韓国は、GNP（※現在では国内総生産：GDPが国の実体経済を表す指標となっている）の一〇パーセントあるいは二〇パーセントぐらい国家予算を防衛費にあてている。日本だけはGNPの一パーセント以内とか一・五パーセント以内とか、わずかな金で国を守ろうとしているが、それはもうナンセンスというしかない。

たとえば沖縄の問題にしても、戦後五〇年もたってなお沖縄の基地の問題が五〇年前とたいして変わりがないというのであれば、この際、一パーセントか二パーセントといったわずかな軍事費ではなくて、三パーセント、四パーセントといった軍事費を出すつもりで沖縄のためになんとかしてあげなければならないのではないか。ところがそれをやるにはいろいろな規制があってできないという問題がある。

一九九七（平成九）年七月、九九年間の租借期間を過ぎて返還される香港は、沖縄にとっては非常に参考になると、わたしは思う。

イギリスは阿片戦争の結果、香港をとったのだが、九九年たったら返しているのだから、沖縄も、来年返せとか再来年返せというのではなくて、もう五〇年はたったのだから、あと四九年は貸しましょう、あと四九年貸して九九年後には一〇〇パーセント返してもらうと。嘉手納基地を残すとか普天間を残すとか、そんな問題ではなくて、香港、マカオのように全部返してもらう、一切返してもらう。

そのためには沖縄の人に、こちらが軍事予算を組《く》んで、そこから沖縄のためになるように使わなければならないが、しかし、われわれのほうも、普通の日本人的発想で五年とか一〇年とかいわないで、この際九九年貸しましょう。租借地のようなもので、そのかわり、アメリカに対して、九九年たったから返してくださいという発想も必要なのだ。そういう発想ができないから沖縄知事も怒っているのだし、それもよくわかる。沖縄の人も気の毒だと思う。

しかし、第二次世界大戦の原因とかサンフランシスコ条約とか、いろんなことを考えてみると、やはりアメリカはある程度、軍事占領せざるをえない。それならば、香港と同じように九九年にしてくれれば沖縄の人だって、あと四九年間は辛抱せざるをえないが、全部返ってくるし、ゆっくりと準備できるではないか。そういった考え方をしてほしいと思っている。

59

「仕事で成功するには役所の肩書持ったらあきまへん」

「なるようになる、なってきた」というヘンな歴史をくりかえしていては、どうにもならないのは誰の目にも明らかである。だから、政府がわれわれの提案に少しでも耳を傾け、採用するということになればいいのだけれども、そういう機関はない。

といえば、政府の審議会というものがあるではないか、おまえはどうしてその委員にならって発言しないのかという人もいるだろう。

たしかに、いろいろな審議会から話はあるが、わたしはいっさいお断りしている。

理由は、一つには、かつてわたしが三〇歳のときに松下幸之助さんから「藤田はん、あんた仕事で成功したいんだったら、役所の肩書持ったらあきまへんで。持ったら最後どんどん広がっていくから仕事ができんようになる。わたしはやってまへん」といわれて、なるほどと思ったからだ。たしかに名前は売れるだろうが、本業が留守になる。しかも、かりに審議会に出ていって意見をいえばよくなるかといえば、いまの状態では絶対にダメだ。

政府税調であれだけ税制の専門家が長い間研究して、「日本は直接税が高すぎるから間接税にシフトして直間比率を変えなければならない」といっても、政治家は「ご意見は尊重します」といいながら、結局はなにも聞かないではないか。

わたしは、政治家も官僚も質を高めなくてはならないと思う。徳川時代の武士のような頭の構造では困る。世界的なレベルの人に政治家なり、官僚になってもらわないと困る。

そのためには、気が長いといえば気が長いが、教育制度、大学のありようを変え、日本の大学を出たという鑑札を持っているだけではなく、少なくともアメリカかヨーロッパに三〜四年留学して英語も自在にしゃべれる、世界的なレベルでものが見えるという人に政治家や官僚になってもらいたいのだ。迂遠《うえん》のようにみえるが、日本が変わるにはそれしかないのである。

明治維新のとき、上野の山にこもった彰義隊を攻撃した薩長軍がアームストロング砲をぶっぱなして彰義隊を壊滅させて徳川幕府に引導を渡したが、その砲声を聞きながら江戸の庶民《しよみん》は、「なんだ、世直しといったって、将軍さまと天皇さまがいれかわっただけじゃないか」とまったく他人事としてしか、この政治的な大変動をとらえなかったという。いま、政治家や官僚のやっていることを見ている日本人の心情は、このときの江戸の庶民とほとんど似ている。

政治なんて雲の上のことはどうでもいい、住は貧しいけれど衣食は足りているからまあ、いいや、ということになってしまう。これでは政治家の側からいえば「富国貧民」政策で徳川時代と変わりないのである。わたしはレベルの高い人に「富国楽民」政策をとってもらいたいのである。

60 景気循環説は通用しない時代だ

フランチャイズ制があるからスリム化のために人員解雇をしなくともよいマクドナルドとは違って、スリム化のためには人員解雇するしかない企業は圧倒的に多い。さらに失業者が増えていく状況の下では「ローコスト・オペレーション」のコストは一段と下げざるを得ない。しかし、そうなれば原材料費も地代・家賃も下がる可能性がある。そういった不透明、不確定な要素を常に考えて、企業のリストラを絶えず考えていかなくてはならないことはいうまでもないことである。

ともかく、政治は頼むにたらず、われわれは自己防衛するしかないのである。

政治が消費の拡大にまったく無能である以上、消費をよりいっそう拡大するためには誰がどういおうと「価格破壊」しかないのである。それも、一時の「特売」といったことではなく、いつでもロープライスであること、つまり「エブリデイ・ロープライス」で、そのことによってモノの価値（バリュー）を上げていくしかない。

マクドナルドやトイザ〝ら〟スは、この「エブリデイ・ロープライス」、「バリュー作戦」を強力におし進めているのだ。

これは、マクドナルドだけではなく、経済構造の末端で直接お客さまに接している小売業すべてにいえることである。

時代は変わったのだ。これまでのように、景気が悪くなってもまた回復するといった景気循環説などは通用しない時代に入っているのだ。当面景気が悪いからとりあえずスリム化をはかってしのぎ、景気がよくなったからまた元に戻ろうなどという甘い考え方は、もはやまったく通用しない。別の時代に入っているのだ。われわれも、いままでの働き方、発想法を変えていかなければならない。

61

安すぎてパンクした話は聞いたことがない

一九九五（平成七）年六月現在のガソリンの小売価格は、一リッター当たり、アメリカが三五円に対し、日本は一一〇円となんと三倍以上もする。しかも、アメリカには国産の石油はあるけれども、全消費量の五二パーセントは輸入している国である。

アメリカも日本も輸入原価は同じであるはずなのに、なぜ三五円と一一〇円というとてつもない価格差があるのか？　しかも、アメリカの石油業界が、ガソリンは安すぎるからパンクしたという話は聞いたことがないのである。

なぜ日本のガソリンはこんなに高いのか。

価格差の最大の要因は石油税にある。アメリカの石油税は一リッター当たり一四円であるが、日本は六〇円。約四倍にもなる。これではせっかく石油製品の輸入自由化が一定の条件下で認められたのに、小売価格に反映されないではないか。

たしかに日本は物価が世界一高いといわれている。土地も高い、食べ物も高い、なんでも高い国である。しかし、ガソリンのようなインターナショナルな商品、国際商品までもが、なぜ日本だけ高いのか、わたしにはまったく納得がいかない。これも、日本の資本主義はどこかおかしいのではないかと、わたしに疑問を抱かせた現実である。

62 アメリカは値段が安くなるシステムができている

アメリカのパーム・スプリングからコスタ・メサへ、砂漠を車で二時間走っていると、砂漠の山というか高いところから谷底まで林立している数千本の巨大な風車がクルクル回っているのが見える。壮観である。大きな高圧線のパイプがあって大規模な風力発電をやっているのだ。

日本のように石油資源がまったくなくて、原子力発電に二五パーセントも求めなければならない国ならばいざ知らず、アメリカのように、輸入ではなく自力で五〇パーセントの石油を生産し、それを燃やして電気をつくれる国が、こんなに大規模な風力発電を実用化しているとは、わたしには実に意外だった。これもまた、アメリカは資本主義が健全であることの一つの証明ではないか。わたしは、日本の為政者や経営者たちにこの光景を見せてやりたいと思った。

「アメリカはこんなことをやっているんですよ。原子力発電も必要だけれども、アメリカに見習ってはどうですか」と。

なにも砂漠でなくとも、日本海側にだって、風の強い海岸がいくらでもあるではないか。危険をともなう原子力発電にかわる風力発電を早急に検討してほしいものである。

その砂漠を通ってロサンゼルスに抜けるフリーウェイは片道四車線で、一番内側のレーンは黄色い線で仕切られた〝カー・プール〟になっている。カー・プールとは、二人以上乗っている車専用のレーンで、一人乗りの車がそのレーンに進入してパトカーに見つかると、そくざに罰金二七一ドルをとられることになっている。三車線は大渋滞だが、黄色い線で仕切られているカー・プールはすいていて、いつもは一時間半かかるところを四〇分しかかからなかった。

わたしは、バス以外の車も走っていて無意味になっている国道二四六のバス・レーンを思い出し、車が渋滞して道路事情は最悪だといいながら具体的にはなにも手を打たない日本にくらべて、自動車文明を支えるようにガソリンも安く車も走りやすいようにしているアメリカはなんと合理的なことかと非常に感心したのだった。

アメリカではモノが安いが、それは機構的に安くするようにしているのではないか。日本は逆に、際限なく高くなるようなシステムになっているのではないか。

63 土地は「所有する」より「借りる」もの

わたしがこれまでくりかえしいっているように、アメリカの平均的サラリーマンの年収は三万ドル、日本円にすると三三〇万円。日本で、アメリカの平均的サラリーマンの仕事と同じ仕事をしている人の年収は約八〇〇万円。

日本は異常に高額である。収入もそうならば、物価も世界一といわれるほど異常に高い。だが、この異常さは、為替レートが一ドル一一〇円から一〇〇円の間で安定し、これ以上、円安状況にならないようになれば次第に解消されてゆき、世界中の物価は平準化してくるだろう。好むと好まざるとにかかわらず、現実にそうなってくるだろう。現に二八〇円のビッグマックは世界のビッグマックの値段からみて高い方ではない。物価の平準化《へいじゅん》はマクドナルドのように企業努力をすれば可能なはずである。

狂乱バブルの元凶といわれた土地の価格も下がっている。〃土地資本主義〃日本にとっては、これは痛手ではあるけれども、世界一高い日本の物価が下がっていくとともに、これが「普通」ということになるだろう。われわれも、この状況が普通なんだ、これが当たり前なんだということで、それに対応する社内体制を構築していかなければならない。

しかしながら土地は、アメリカの二五分の一しかない上に山が多いから、実際に、人間が使えるところは一三パーセントしかないとなってくると、またその何分の一ということになってきて、土地の値段がアメリカ並みに下がるというのは難しい。

日本はいま、衣食住のうち衣食は世界的レベルにあるといって過言ではないが、住の問題は永久に頭が痛い問題なのである。

東京は空襲で燃えてしまって、住むところがなくなった。とりあえず住めるようにと、無計画に造ってきたから、こんなひどい都市になってしまった。これからは、とりあえずなんとかではなくて、ほんとうにいい環境で、ゆったりと生活できるということが必要なのではないか。わたしのいう「富国楽民」政策をとってもらいたいものである。

ここにきて、定期借地権というのがようやく日本でも話題になってきて、その分、安く家が買えるようになってきたが、日本人の土地に対する考え方に、「土地は所有するもの」から「借りるもの」という意識の変化が表れたのは注目すべきことである。

資本主義は初めから私権を保護してきた。なぜなら私有財産を保護するというのが資本主義の基本であるからだ。ところがいまは、私有財産をある程度制限せざるを得ないということになっているのではないだろうか。

アメリカは全く自由だ。たまたまあれだけ広大な国で、あれだけ天然資源があるので、アメリカ式の民主主義とか資本主義というのは成り立ったわけだが、日本のように土地が狭く天然資源のない国で、アメリカ式の資本主義とか民主主義が成り立つかというと、ちょっと問題が多すぎる。

64 国が土地を買い上げて国民に貸せばいい

上海では、かつての英国租界やフランス租界に一九二〇年前後に建てられた住宅は、次々と壊されている。住んでいる人間を半強制的に立ち退かせて、だ。そうしてできた空き地を二〇〇〇坪、三〇〇〇坪単位で借りた台湾、香港、アメリカなどの外資系資本が三〇階建て、四〇階建てのビルを新築している。

土地の私有を認めていない社会主義中国には、土地の売買はない。すべて七〇年間の賃借。中国政府は外資系資本から地代をとって合弁しているわけだ。しかもほとんど無税の国だ。合弁にすると利益の半分をもらえる。現地側は土地を出資して、合弁にして儲けの半分をもっていこうというわけだ。

わたしたちは借地権というと、一〇〇〇坪の土地なら一〇〇〇坪の土地を借地にすると考える。ところが中国では、そこに建てたビルのフロアすべてが借地権の対象になる。二〇階建てなら二〇階すべてに借地権が発生する。

こうして、一九九四（平成六）年の一年間で外資系に売った借地権だけで、上海市の市税の五年分あったという。かなり儲かっているのだ。しかも、ただ貸すだけではない。すべて合弁だから、利益の半分は必ず取れる。うまいことを考えたものではある。

上海のマクドナルドも、借地権を持っている人と合弁でやっている。

わたしは、中国のように日本も土地を全部国有化しろとはいわないが、国が土地を買い上げて貸すというような方策も真剣に検討すべきではないかと思う。

中国は、毛沢東が土地は国のものだということにしたから非常にやりやすい。ところが日本は、などといった泣き言はこの際無用である。

銀行その他の抱えている土地を買い上げて、木造建築は借地権三〇年、鉄筋建築は六〇年というのではなくて、中国と同じように七〇年間、貸す。借地権は土地だけではなく、建物のフロアにも発生するというようにしたらどうか。

65 住宅建設を阻むこれだけの規制

「内需振興」の核心は住宅建設にある。住宅建設がさかんになれば、鉄や材木やタイルなどいろいろな建設資材を買わなければならない。つまりは、いろんな産業を刺激し活性化することになるからである。

ところが、この政策を実行するには、以下に見るように、あまりにも大きな三つのネックがあるのである。

その第一は、「絶対高さ制限」というものである。

ご存じのように、現行の建築基準法には、一種・二種低層住居専用地域内における「建築物の高さの制限」という規定があって、一〇メートルないし一二メートルという制限がある。二〇メートル、三〇メートルの家は建てられない。だから三階建ての家を建てていいる人が多いのだが、この制限があるかぎり、住宅建設は内需振興の核にはならないのである。

ならば、その制限をはずせばいいではないかと思うだろう。

ところが、である。たとえば最近、世田谷区のわたしの住んでいるあたりが水洗便所になり、そのために下水道の工事が行なわれた。それを見てわたしは仰天したのだが、その下水道の土管を見ると、なんと直径は四〇センチぐらいしかない。これでは二〇メートルの建物が建った場合には即座にパンクしてしまうという細い土管なのである。

住宅の高さ制限を解除するためには土管を埋め直さなければならないのは自明の理である。

だが、建設省（現・国土交通省）にはそういう本格的な下水道をつくろうという政策はないのである。つまり、下水道が完備しないから高度制限解除はできない、ということになる。

地価の高いところでキャベツや大根をつくる必要があるのか？

ネックの第二は、市街化調整区域の問題である。

わたしの住んでいる都内の住宅地でも、大根やキャベツをつくって売っているように、いま東京都内にはなんらかの形で農業を営んでいる人たちの所有する膨大な面積の調整区域というものがある。

この調整区域の所有者は、長く農業をするということで、わたしの払っている額の一〇〇分の一くらいの固定資産税しか払っていない。

もっとも、たとえコメをつくったとしても、一町歩の土地から上がってくるコメ代は政府買入れ価格で換算して一年に一三〇万円ほどのものである。三〇〇〇坪の土地を持っていて、売り上げは一三〇万円しかないのである。そこから肥料代だの手間賃だの引いていけば、採算がとれるわけがない。だから固定資産税が二束三文になっている、というのは理解できる。

しかし、である。地価の高いところで野菜をつくらなければならない必要性はあるか？ない。野菜はもっと他のところでつくるか輸入すればよいのである。

そもそも、日本の農業は、コメの価格を国際価格に接近させていかないとなりたっていかない。日本の農業が国際的な競争に耐えうる体力をつけるためには、コメの価格を引き下げなければならないのに、政府はそれをやらない。

一見、衰退の危機に瀕した日本の農業に救いの手をさしのべた温情あふれる政策のように見えるが、じつは政治家が自分の選挙の思惑で農業を〝保護〟したかのように見せかけた、まったく一時しのぎの政策でしかない。

結局は日本の農民の首を真綿で絞めて殺すような非情な政策でしかない。このような一時しのぎの政策に官僚も同調しているのである。

家を持たせる工夫が足りないのではないか

そしてネックの第三は、住宅取得控除である。

アメリカでは、自宅やセカンドハウスを建てる際の銀行借入金の利息については総額を収入から控除することになっている。銀行から何億借りていようとも、どれほどの利子を払っていようとも、収入から控除してくれるのである。家の広さの制限もない。いってみれば、国が家を建ててくれているみたいなものである。

もちろん、借金は返済しなければならないが、借入金の利息は収入から控除するというシステムは、アメリカだけではない、他の先進諸国でもやっていることである。やっていないのは日本だけなのである。

期限付きの住宅ローン控除という制度はあるけれども、いずれは本人が全額負担しなければならない。このシステムをアメリカ並みに変え、利息分は政府が負担してくれるなら、もっと家は建つのだが、そうでないいまは、内需振興としての住宅建設など絵に描いた餅でしかない。大蔵省（現・財務省）は「そんなことをやれば収入が減るから、個人の家を建てるのにこれ以上、税金を引くことはまかりならん」と、絶対に変えようとはしない。

国民はみな、いま二〇坪のところに住んでいれば三〇坪に、三〇坪の人は四〇坪に、五〇坪の人は六〇坪に住みたい、いまよりもっといい生活をしたいと望んでいる。ほんとうに豊かだと実感するためには、なによりもまず大きな家で、ゆったりと暮らしたい、そういう希望を持っている。

この希望を現実にするためには、政治家がマスタープランを立てて、建設省、農水省、大蔵省、この三つの省に大規模な住宅建設を実行させなければならないのである。

ところが、この根本的な問題については各省、それぞれの思惑――これを「官僚には、国益なくして省益あるのみ」という――にしがみつき、てんでばらばら、「おまえやれ」「いやおまえやれ」と、責任をなすりつけあっているのだから、どうにもならない。

66 役所の壁を破って蛮勇をふるえないか

では、この隘路《あいろ》を脱して、なにがしかの展望をもつ方途はあるか？

ある。

たとえば東京都民ならば東京都民のどれほどが、都内産の野菜を必要としているのか。いまという時代は、そういうものを必要とする時代なのかどうか。それよりは、その農地にもっと大きなマンションをつくって安く売ったらどうか。「住宅ローン控除がありますよ。あなた、買いなさい、利息は全部国がみましょう」といった政策を、国民の前に差し出して、「これはどうだろうか」と意見を聞き選択を迫ることである。

これこそがデモクラシーなのであり、国民の大多数の支持を背景に、三つの規制を撤廃することを国会で決めて、大蔵省（現・財務省）や農水省や建設省（現・国土交通省）に実行させることである。そこにある「省益」という壁を、あのベルリンの壁のように粉砕して、すべてを総合するクロスファンクション・チームをつくり、それで国を改めていくようにすることである。

政治と行政が、そのような住宅政策をとることによって、国民はほんとうの「豊かさ」というものを感じるだろう。

なぜならばいま、大蔵省は感じているかもしれないが、われわれ国民は「豊かさ」など実感してはいないからである。ドルが一五〇〇億ドルもたまって国が裕福になっているというが、どこにある？　オレには関係ないというのが実情ではないか。

その実感を持たせるためには、より大きな家により安く入れるようにしてくれるのが政治家の仕事というものではないか。しかし、そのことを理解し、実行を決断する政治家がいないということは、なんとしてもわれわれの最大の不幸というしかない。

ここは一番、蛮勇をふるってドラスティックな政策を実行する政治家に登場していただかなければ、どうにもならないのである。

そうでなければ、唄の文句ではないが「右を向いても左を見ても真っ暗闇」の状況は脱けられないのである。

蛮勇、ドラスティックな政策といったが、わたしはなにも特別なことを望んでいるわけではない。わたしが政治家に望んでいるのはようするに、国民にもっと大きなゆったりとした住宅に住まわせてやろうという、ごく当たり前のことを実行してほしいというだけのことである。

住宅政策も税金制度も、世界の文明国が普通に行なっていることを日本でも行なってほしいということである。それをする決意はないまま、なお外国に対して「住宅建設をやります」というのは一時しのぎの逃げ口上でしかない。

67

日本も大統領制に変えたらどうか？

アメリカには立法府として上院と下院があり、行政府の長として大統領がいる。大統領の権限はきわめて強力で、議会の決議に対して拒否権を持っている。だから議会もある程度譲歩してくる。譲歩せざるをえないという仕組みになっている。

ところが日本の政体は、アメリカのような大統領制ではなくて、議会制民主主義である。これは、日本を占領していた連合軍総司令官マッカーサーが、明治憲法に代わるものとして決定した政体である。マッカーサーは、日本の軍部が戦争をひきおこしたのは、明治憲法が日本の国体の根本として規定した二つの大きな柱――「万世一系ノ天皇之ヲ統治ス」と「天皇ハ神聖ニシテ侵スベカラズ」――にあるとして、これを廃止した。天皇も「神ではなく人間である」ことを宣言して「象徴」となった。

「万世一系」については、そもそも明治憲法制定当時から、日本史を見てもありえないということは明らかではないかという批判もあったのだが、ある憲法学者は「明治以後は万世一系なんだ」といった。だがマッカーサーは、歴史上の理屈は理屈、とにかく「万世一系ノ天皇之ヲ統治ス」はやめろ、「天皇ハ神聖ニシテ侵スベカラズ」では天皇は神であるということだからこれもやめろ、ということで新憲法をつくった。

そこまではよかったのだが、マッカーサーの失敗は、日本の政体をアメリカのように共和制にしなかったことである。

天皇の統治を否定し、なんの権限もない「象徴」とする新しい憲法をつくるならば、日本の政体を思い切って、緊急非常事態のときには大統領命令でなんでもできる強大な権限を持ち、議会の決議に対する拒否権を持つ大統領と、その権限行使をチェックする機能を持つ議会というアメリカ的な政体に変えるべきだったのだ。

ところが、明治憲法で「元首」だった天皇は「象徴」となり、議会制民主主義下での総理大臣は「元首」ではないという曖昧な政体となり、総理大臣は議会の決議がなければほとんどなにもできないという政体になってしまった。

旧憲法下では緊急事態のときには天皇は「勅令」を出し、それは議会の決議など必要としないという権限があった。しかし議会制民主主義政体をとっている現在は、それがない。すべて過半数を占めて政権を担当する与党が決定していくのだが、なにしろこの与党がいまは連立だから、いかなる緊急事態に対しても「過激」な案は通らない。

「総理はなにをやっているんだ。神戸の震災以後、オウム事件やらなにやら国民生活に不安と脅威を与える緊急事態が発生している。為替もこうだ、株もこうだ。ここで緊急政策を打ち出さないと日本は滅びる」といっても、ムダなのだ。総理には緊急事態に即時対応した政策を打ち出し実行する権限がないのである。その政策を打ち出せるのは国権の最高議決機関である国会だけなのである。だから、この政体を変えないことには日本の国は救えない。わたしにいわせれば、日本はいま壊れるべくして壊れる仕組みになっているのだ。となれば、いまこそわたしたちは憲法改正を真剣に日程に上げなければならないということは明白である。

憲法改正というとみな、第九条（戦争放棄条項）をなくすのではないかと疑心暗鬼になるけれども、わたしがいう憲法改正の眼目はそうではない。戦争放棄はそのままでいい、天皇は象徴のままでいい。眼目は現在の政体を議会制民主主義から大統領制にし、大統領に実力行使の権限を与えるということにある。かりに「大統領」という言葉が不適当だというのであれば、「主席」でも「国民代表」でもいい。

天皇は昔のような勅令を発する権限は持っていない。それでも、世の中が平和でなにもないときは機能したが、緊急非常事態になってくると、議会制民主主義ではなんの役にもたたない。政治はまったく機能しないことは明らかになっているのである。

68

政治家は法律を変えて仕事をしやすい環境をつくれ

日本は、所得税の実効税率は主要先進国中もっとも高い。国税と地方税を合わせると世界最高の六五パーセントだ。アメリカ四六パーセント、イギリス四〇パーセント、ドイツ五三パーセント、だからこれも世界と同じ水準、少なくとも五〇パーセントに下げるべきである。

なるほど、賃金は世界最高だ。日本を一〇〇とすると、アメリカは三七、イギリス三二、ドイツ五六、韓国二六。

しかし、諸外国は、賃金が安いけれども住むところは広い。世界一の債権国でありながら、国民が「豊かさ」を感じていない最大の原因は「家が狭い」からだ。国民一人当たりの床面積は、アメリカ六〇平方メートル（一八坪）に対して日本は二五平方メートル（七・五坪）。一軒の家を買うには日本は年収の八・七倍だが、アメリカは年収の三・四倍。

日本は土地が狭いというが、たとえば香港は山の頂上にまで家を建てるなど土地を徹底利用している。日本にも、ビルを建てようと思えばまだ多くの土地はある。ただ調整区域といった形で人工的に土地がないだけなのだ。

日本の国民は、徳川時代からお上のいうことには楯突かない。従順に従うというところがある。政治家がなにもできないならば、大蔵省（現・財務省、金融庁）はもっといい考えを出してほしいと、何事もお上頼みだ。

が、これは間違っている。官僚は法律というフレームをはみ出すことはできないのだ。法律の範囲内でしかモノを考えないから、たとえば、コメをやめて日本人の主食をハンバーガーにしようなんて型破りなことをやれるわけがない。そのくらい発想を変えなければ世の中は進歩しないのだが……。

レーガン大統領もサッチャー首相も、在任中にいろいろな減税をやった。そのために間違っていると批判されたのだが、それから一〇年たったいま、アメリカもイギリスも大発展している。これは、所得税や相続税を下げて、国民が仕事をしやすい環境をつくったからだ。そのとき国民に不平不満をいわれても、長い目で見ればそれが国のためになっているのだ。

日本にいま必要なことは、消費経済をもっとおし進めることだ。そのためには税法を変えなければならない。

個人の税金も法人の税金も世界最高。それでいて「金を使いなさい」といわれても使うほどの金はない。

日本が「元気！」になるためには、ともかく国民の税金を安くしなければならないのである。それを断行すれば国内の景気は絶対によくなるのだ。

69 相続税をはじめ日本人の肩の荷は重すぎる

相続税の最高税率は、アメリカ五五パーセント、イギリス四〇パーセント、ドイツ三五パーセント、フランス四〇パーセント、それに対して日本は七〇パーセントと世界最高である（ちなみに最低から最高への税率の刻みは、アメリカが一七段階、ドイツは二五段階、イギリスは一段階、日本は最低一〇パーセントから九段階）。

この相続税が国全体の租税に占める割合を調べてみると、日本四・八パーセント、アメリカ一・八パーセント、イギリス〇・五パーセントと、ここでも日本は世界最高である。

アメリカは五五パーセントで日本は七〇パーセント、一見あまり変わらないように見える。が、ここには大きなトリックがある。

アメリカでは、夫か妻のどちらかが死んだ場合、残ったほうは一〇〇パーセント相続できるが相続税はゼロだ。その人が死んではじめて、その子どもがとられるのだ。

日本は夫が死ぬと五〇パーセントは無税だが、残りの五〇パーセントに対して相続税がかかるのである。

わたしは、これはおかしいと考える。夫婦は営々と協力し努力して財産を築いてきたのだ。夫にしろ妻にしろ、どちらかが死んだ場合は、残ったほうに全てをやるべきではないか。

たとえば都内に住んでいる人は、「相続税を払うために家屋敷を売らなくてはならない、だが土地の値段は下がっているのに税務署の評価は高くて払えない。しようがないから物納してどこかへ行ってしまうという気の毒な状況にある」という話を聞くが、それはおかしい。夫が死ねば妻は全部もらえる、税金を払う必要はない。しかし妻が死ねば、子どもは税金を払わなければならない。これは世代が違うのだからしかたがないということにすべきなのだ。アメリカはそうしている。日本もそうあるべきではないか。

ちなみにオーストラリアには相続税はない。シドニーに行った機会に向こうの弁護士と話したのだが、彼はいったものだ。「日本人はよく黙っているな、親の家に自分が住んで税金をとられるなんて、よく辛抱しているな」と。

オーストラリアのゼロとか、ドイツの三五パーセントとかイギリスの四〇パーセントとか、そこまでは無理にしても、日本も相続税を至急、改正して、せめて妻は無税とすべきだ。夫も妻も両方とも死んだときにはじめて税金を五五パーセント払うというアメリカ方式にすべきなのだ。

それだけではない。株式で損をしても、他のプラスと通算できない有価証券の所得税の分離課税もやめて損益通算できるようにすべきだし、有価証券取引税の二重構造もやめるべきだ。また会社は税金を払って残りを配当しているのに、それにまた税金をかけるという株式配当へのダブル課税をやめるべきなのだ。

70 消費税を地方税にしたらどうか?

アメリカでは消費税は州単位で高いところは八パーセント、低いところはゼロパーセントと、税率はゼロから八の間にある。

ニューヨークでニューヨーク州とニュージャージー州を分ける道路のニュージャージー州側には、薬局・洋服屋・靴屋・レストランなどがずらっと軒を連ねているが、ニューヨーク州側にはなにもない。なぜか。ニューヨーク州は八パーセントの消費税を取るがニュージャージー州は物によってはゼロだからだ。だからみんな、ニューヨーク州では買い物はしない。わたしがニューヨークで洋服を買ったとき売り子はいったものだ。「あなたは日本人か。日本に帰るのか」、「いや、まだしばらくアメリカにいる」、「隣のニュージャージー州には行かないのか」、「用事があるから行くけれども」、「じゃあ、品物はあちらで受けとりなさい。ニュージャージー州のホテルに送ってあげる。そうすれば八パーセント損をしないですむ」

日本でも貧しい県や、もっと人を誘致したい県がある。過疎化、過疎化といっている県は、ニュージャージー州のように消費税をとらない、あるいは二パーセントとか一パーセントにするのだ。そうすれば、そっちに行って住もうかという人も出てくるだろう。

東京のような大都市は、どうしても一〇パーセントはとらなければならないから、自然に自由競争になる。それを国税でパカッととってしまうから自由がないのだ。

たしかにほとんどの国は国税だけれども、このさい日本は思い切ってアメリカのように地方税にすべきではないか。そうすれば消費税の問題が国政の行方を左右するといったバカげた話はなくなるではないか。

消費税を地方税にしているアメリカはゼロ〜八パーセント、一方、国税にしている先進国はフランス一八・六パーセント、イギリス一七・五パーセント、ドイツ一五パーセント、世界最高のデンマークとスウェーデンが二五パーセント、みな税率二桁だという事実を見れば、現行三パーセントと世界最低の日本も直接税を減らして間接税に切り換えなければならないことは火を見るよりも明らかだと言い切ってもよい。

71 鑑札と世襲制度が日本の癌

最近崩れつつあるというものの、まだまだ〝株式会社日本〟の根を支えている年功序列・終身雇用制は、まさに幕藩体制そのものである。

それはまた、つい一〇年前までは敗戦国日本を〝経済大国〟にまでのしあげた原動力、世界に類を見ない日本資本主義の特質であり美点であるとされたものだった。

就職試験を通ることが、その人間の一生を会社が保証〝する・される〟関係となる終身雇用制の根にあるのは、学歴ならぬ〝学校歴〟の〝鑑札制度〟である。

東大という鑑札、早稲田・慶応という鑑札は、わたしにいわせれば、いわば〝一代貴族鑑札〟である。学校歴社会の〝エリート〟たちは、その鑑札を首からぶらさげて、〝社会〟という道を渡っていけば、その一生はとにかく平穏無事に保証されるのである。

しかも、それに加えて政治家や企業トップに目立つ〝世襲制〟もある。二世社長や二世政治家たちが次々と出現しているのは、この〝鑑札〟が一代ではなく二代三代と続いていることであり、家老の子は家老で足軽の子は足軽という幕藩体制の精神構造がそのまま現在に生きていることの証しである。

前述したように、わがマクドナルドでは、最終学歴は、社内のハンバーガー大学の何期の卒業生、これのみである。だから本人が言わないかぎり、どこの大学を出たかは一切わからないし、関係ない。人事記録からも学歴は全部消してある。

たかが四年間の大学のブランドがいつまでも通用したり、上級職の国家公務員は入省試験の順番が一生ついて回るなんてバカな話はない。入社してからその人間が、どこまで伸びるか、会社にとって有能な仕事ができるかどうかで評価されるべきものなのだ。

72

高い金をとって値打ちのないものを売るのは学校だけだ

わたしは、常々「いまや超国家主義の時代である。マクドナルドこそ、典型的超国家企業であり、マクドナルドの全社員はアメリカ人でも日本人でもないマクドナルド人間、すなわち世界人である。われわれは世界人の企業として、まずは、自己のために、さらに世界のために働かねばならない」といってきた。

「重要なことは国際化である。明治以降、食の分野では国際化が遅れている。日本食を食べないと力が出ないというが、それは単なる食習慣を錯覚しているにすぎない」といってきた。

だから世間には、わたしを、「日本」や「日本人」のことなど眼中にないコスモポリタンと思っている人が多いようだが、わたしが「国際化」を主張するのは、他ならぬ「日本および日本人」の未来を深く考えているからだ。わたしは祖国日本を愛することにおいては誰にも負けないと自負している。

「藤田さんは過激だからな」という経済人は多い。なぜならば、わたしが、「消費税を一〇パーセントに上げると同時に所得税を一律二〇パーセントとする大減税で消費経済を伸ばすべきだ、そうでなければ日本は〝沈没〟する」と主張しつづけているからだ。

たしかに、わたしの主張は「過激」に見えるだろう。わたしがくりかえしていっていることは、徳川時代から日本人を骨がらみにしている思想、モラルを変えなければならないということだから、だ。

子どもが学校よりも塾での勉強に集中しているのは、いい中学に行き、いい高校に行き、そして東大に入ることを目的にしているからなのだから、その弊害を断ち切るには、「東大を出た人は国家公務員にはしない、一流銀行も採用しない」という規則をつくればいい、そうすれば東大を出ても官僚になれないのだから、塾に行く子どもはいなくなり、本当の教育ができるのだと思う。

すると、「藤田さんは過激だから」というが、わたしにいわせれば、資本主義社会で高い金をとって値打ちのないものを売るのは学校だけだ。しようもない学校ほど授業料が高い。東大卒のように安い授業料で出た人は値打ちがあって、高い月謝を払った人は値打ちがないというのはおかしいのだ。

これからは起業家精神が必要だという。ならば、そういう精神を持てるような教育をしなければならないし、そのためには東大を出ればエスカレーター式に社会的地位が上昇していくというようなことはやめなければならない。ほんとうに優秀な人、特殊な才能を持っている人が頭角を現していけるようにならなければならないのだ。

このことは、東大出であるわたしがいうのだから、絶対に間違いはないのだ。

そういうと「藤田さんは過激だ」という同じ人が、そのあとに「過激だけれども、もっといってくれ」という。それは、みな、そのことにどこかで気がついてはいるからだ。

気がついてはいるのだが、しかし自分では波風《なみかぜ》を立てたくない。アクションは起こさない。しかし、幕末の坂本龍馬のように、先進的な考えを持っている人が世の中を変えていかないと、わたしの愛する日本は消滅してしまう。わたしは、その危機感につき動かされて、かくあれかしと語っているのだ。

73

政治家も国民も自分の言葉で主張してほしい

若宮啓文《よしぶみ》『忘れられた国会論戦』（中公新書）によれば、一九四七（昭和二二）年、新憲法にともなってできた国会法には「本会議では必ず自由討議を行なう。二週間に一回か三週間に一回は必ずやるので、全員出席のこと」という項目があったとある。自由討議では、アメリカやイギリスの議会と同じく党議拘束は一切ない。議員個人が自由に意見を述べ、答弁する側もきちっと答える。新人議員田中角栄は、「これは少数意見の擁護であり、いいことだ」と演説しているのだが、一九五五（昭和三〇）年、いわゆる「五五年体制」ができたと同時に「やっても意味がない」と廃止されたという。

わたしは、政治家はいまこそこの「自由討議」を復活して、日本はいかなる政策をとるべきかを論議すべきだと考える。喫緊の急務であり景気回復を実現する具体的政策は、こういう場からしか生まれてこないだろうからだ。

この本には、もう一つ、現行議院運営規則には衆参両院とも、「質問する側も答弁する側も資料の棒読みはいけない」という条項があるとあった。ところが現実には、日本の国会では、質問する側も答弁する側も原稿の棒読みで、その原稿をつくっているのは、ほとんどの場合は官僚である。だから、政治家は官僚にリモート・コントロールされてしまうのだ。真の政治改革は、まず「自由討議」を復活させること、議員は自分の言葉で語ることからはじまるのだ。

あなたは日本の文化について語れますか

「自由討議」が必要なのは政治家だけではない。

先日、アメリカに赴任している社員が手紙を寄こした。

「本社にいるときは社長の話を、なにを勝手なことをと上の空で聞いていたが、アメリカに行ってみると、いちいち思い当たることがありました」

たとえばアメリカでは必ず、「日本文化について話してくれ」といわれる。日本語が土台である日本文化は特殊な文化だから、そのよさを自分でも見せてアメリカ人に説明できなければダメだと、わたしは口を酸《す》っぱくしていってきた。

彼は、なにをいうとるか、と思っていたという。

ところがアメリカで、「あなた、日本文化について説明してくれ」といわれても、なにも語れないということに思いいたったのだ。まったく恥ずかしい思いをした、京都でも鎌倉でも徳川時代でも、もう少し勉強しておくべきだったと。それが身にしみているという。

文化というほど大げさではないにしても、なぜ日本人はお箸を使って、茶碗を持って口に近づけて食べるのか？ とよく質問される。彼らはお皿をテーブルの上に置いてナイフとフォークを使う。お皿を口元まで持っていってはいけないことになっているからだ。こんな問いに何人の日本人が答えられるだろうか。

また、向こうではなにかにつけて「あなたはどう思うか」と聞かれる。そのとき、新聞や雑誌の受け売りではなく、「わたしはこう思う」といわなくてはいけないと、わたしがいつもいってきたのに、彼はそれも聞いていなかった。

ところが、向こうで「あなたの意見は?」と問われたとき、「ない」というわけにはいかない状況に直面した。自分はいま、社長にいつもいわれたことを身にしみて感じているという。意見のない自分がまったく恥ずかしいという。

わたしは、アメリカでそういう経験をして帰ってきた彼は、日本をそれまでとは違った目で見ることができるようになると思う。日本人の痼疾《こしつ》ともいうべき付和雷同癖を脱却して、自分の意見を主張できる視野を持てるようになると思う。

わたしがいっていることを、読者も「なにいうとるか」と思っているかもしれないが、この社員のような日本人がもっとたくさん出てこないと政治も経済もよくはならないのである。

74

新しい血を注入せよ

第二次世界大戦が終わり、東條英機ら七人が東京裁判で裁かれ、平和に対する罪や人道に対する罪に問われて絞首刑となった。だが、とわたしは思う。

彼らは、日本国民に対して、無謀な戦争を起こした責任をとって切腹すべきであった、と。特攻隊の生みの親の大西瀧治郎海軍中将や杉山元元帥や橋田邦彦文相や近衛文麿公爵のように、終戦のときに自決した人は数多い。彼らは戦争に負けた責任をとったのだ。しかし、「生きて虜囚の辱めを受けず」などという戦陣訓をつくって、無数の兵士たちを死地に追いやった東條英機は、軍人でありながら撃ち損ねて生き延びた。

そういう意味では、菅直人さんのようにエイズ問題で責任をとった政治家は、日本人としては素晴らしい人だ。

日本の政治家がかくもひどくなったのは、わたしは、徳川時代二六〇年、そのあとの一三〇年、計約四〇〇年というもの、この〃島国〃に閉じこもって日本人だけで結婚したり離婚したり、外部の血を入れなかったことにあると思う。だから古い血ばかりがはびこって新陳代謝が行なわれず、二世の政治家などというのが普通の状態になってきたのだ。

まことに国家のためには憂うべき問題である。早急にもっと外部の血が入るように〝開国〟すべきである。政界も二世は認めない、一代で終わりだというようにして、外国人が政治家になってもかまわない、新しい血を入れるべきではないか。

75 第三の開国は経済復興政策になる

西暦二〇二〇年には六五歳以上の高齢者が人口の二五パーセントを占め、一〇〇〇万人の労働人口が不足すると予想されている。

そういう現実なのに、二〇年後に総人口の約八パーセントもの外国人を受け入れていくことができるのだろうか。それだけの度量があるのだろうか。


わたしのいう度量とは、異文化を受け入れ同居できるかということである。

わたしは、お笑い王国吉本興業の総帥だった林正之助さんの言葉を思い出す。

「吉本興業はいろいろなタレントをかかえているが、漫才学校かなにかで教えているんですか」というわたしの質問に対して、彼は「なにいうてまんねん、芸人というのはわいてきよる。おっきな部屋にほりこんどいたら勝手にわいてきよる」といった。この「わいてきよる」という言葉、これこそまさに典型的な日本人の考え方である。

二〇二〇年には労働力が不足するから、いまから計画的に、どこの国から何人受け入れて、どういう教育施設をつくって、結婚問題はどうするといったことを考えなくても、そのときになれば「自然にわいてくる」と、日本人は考えるのである。

しかし、そうした二〇〇〇年来の伝統的な考え方でよいのだろうか。

二一世紀にそなえたロングレンジで、「規制緩和」すべきは、外国人の受け入れである。世界はボーダレス、モノだけでなく人間も、国境を越えて往来しているのだ。人間を自由に入れること、新しい血を入れていくこと、つまりは「第三の開国」こそが大きな立場から見た経済復興政策になる。

いくつかのデータを集めてみた。データの提供は大前研一氏が主宰する平成政策研究所である。

まず「総人口に占める外国人比率の国際比較」から見てみよう。

調査によれば、日本における外国人の比率は九四年度末で一・一パーセント、これに対して、オーストラリアは一二・三、シンガポールは一〇・四、ドイツは八・二、スウェーデンは五・四、イギリスは三・八、アメリカが六・二、平均すれば先進国の総人口の五パーセントは外国人である。しかもこの諸外国の数値が八一～八四年度のものというのだから、なんとしても日本は少なすぎる。

しかも、その一・一パーセントの内容はといえば、総数約一三五・四万人のうち、韓国／朝鮮人六七・七万人、中国人二一・九万人、フィリピン人八・六万人、ブラジル人が一六万人、その他が二一・三万人。ブラジル人が意外に多いのは、八五年に日系ブラジル人の日本での就労を認めたからである。

総数は、九〇（平成二）年には一〇七・五万人だったのだから、徐々に増えてはいるのだが、それでもまだ一・一パーセントという状態である（なお、この数字には「不法在住外国人」は含まれていない）。かりに、シンガポールの一〇パーセントとかドイツの八・二パーセントという比率を日本にあてはめると、一億二五〇〇万だから約一〇〇〇万人となる。わたしは日本が「世界の最先進国」の一つだというならば、外国人を一〇〇〇万人くらい受け入れて当然だと考える。

人材・労働力として受け入れられないか

古代から豊臣秀吉の文禄・慶長の役あたりまで、日本は、中国大陸や朝鮮半島からやってきた人びとを歓迎し、文化を吸収した。だが、いまは、働き手として受け入れればいいのだ。インドネシアやフィリピンの若い女性で、在宅老人の介護とか老人ホームとか、そういうところで働きたい人はたくさんいるだろう。それに工事現場の労働力としても働く場は多くある。

いくら政府が「日本は豊かになった、豊かになった」といっても、われわれ国民がいっこうにそんな実感を持てないのは、家庭でのお手伝いさんもいないし、肉体労働に従事するものはまるで「非合法労働者」みたいなものになっている現状があるからだ。

現に、約三〇万人といわれている外国人不法滞在者のうち男性の六割が建設作業員と工員で、女性の六割はホステスと工員である。これはどう見てもおかしい。ホステスが悪いというのではない。もっと違ったところでも労働力を必要としているのだから、そういう人をもっと積極的に入れればよいのだ。不法滞在者は毎年約七万人が強制退去処分を受けているが、そのうち九一パーセントが「不法就労者」である。ということは、「外国人＝犯罪者」というわたしたちの見方がいかに偏見《へんけん》であり、差別であるかを物語っているのだ。

国際結婚は、八一年が全結婚数のうち一パーセント、八六年が一・八パーセント、九一年は三・四パーセント、二万七〇〇〇組と年々増加しているが、定住権や国籍取得問題でトラブルを抱えるカップルも多いという。それは、日本が、その国で生まれればその国の国民だという属地《ぞくち》主義を取るアメリカ、フランス、オーストラリアと違って、ドイツやスウェーデンと同じく属人主義をとっていて、どこで生まれようと外国人は外国人だと蹴飛《け》ばしてしまうからである。

そのことは、日本に在住する外国人の権利と義務のアンバランスにも如実《にょじつ》に表れている。彼らは、納税の義務は日本人と完全に「平等」だが、「選挙権」は一切なく、「障害基礎年金」も国籍条項が撤廃された八二（昭和五七）年に二〇歳以上だった外国人には給付資格はない。「健康保険」も、九二（平成四）年に病院で適用を受けた外国人は二七パーセントというように制限されている。半数近くの自治体が「国籍条項」に関わる公務員の資格制限がある。近年、看護婦などの専門職や単純事務作業員など、「公権力の行使に関わらない」職種は開放されはじめているが、である。

アイルランド、ノルウエー、デンマーク、オランダ、フィンランド、ドイツ、スイス、フランス、オーストラリアなどの諸国が、国政レベルではないけれども、定住年数や納税義務とセットで外国人に地方参政権を与えているのにくらべれば、外国人に対して、この国の制度はきわめて厳しい。

その厳しさを例証する数字がある。

なんと外国人が五六パーセントを占め、日本人の利用率は一〇〜二〇パーセントという「救急車の利用率」である。健康保険の使えない外国人は、病状が悪化するまで病院に行かず、いよいよ危機的な状態に陥って救急車を呼ぶからだ。外国では救急車は有料の国が多く、高いからタクシーで行くというが、日本では救急車は無料だ。だから彼らはタクシーを呼ばないで救急車を呼ぶのだ。

留学生が反日感情を持って帰るという現実

この外国人受け入れに関する厳しい制限は、外国人留学生についても例外ではない。

日本への留学生は四・五万人だが、これをアメリカ四三・九万人、フランス一三・八万人、ドイツ一二万人、イギリス九万人という数字とくらべてみよう。アジア各国の若者の留学先が、アメリカ四九パーセント、ドイツ八パーセント、イギリス六パーセント、オーストラリア／ニュージーランド五パーセント、その他二五パーセント、日本七パーセント（各国別留学生の内訳で見ると、中国二〇パーセント、韓国二〇パーセント、インドネシア五パーセント、マレーシア五パーセント、シンガポール一パーセント、インド・香港からはゼロパーセント）という数字である。

また、アメリカの理工科系大学では、インド人や中国人を筆頭に外国生まれのエンジニアが多い。「ビジネス・ウィーク」のレポートによれば、八一（昭和五六）年から九一（平成三）年までの一〇年間に、アメリカ以外で生まれてアメリカの大学で理工科系の博士号をとった人は、同博士号取得者全体の三七パーセントに達し、なかでも九一年にコンピューター専攻で博士号を取得した学生数が五一パーセントを占める外国生まれのエンジニアは、アメリカのハイテク産業に大きな活力を与えている。

アジアからの留学生の四九パーセントがアメリカに行っているというのは、アメリカで英語を勉強すればその後《ご》使えるということによる。ところが、日本語は一億二五〇〇万の日本人以外には、世界で通用しないのだ。そのハンディキャップがある。

しかし、かつては日本に留学した人は、ほとんどみな親日外国人になって帰っていったが、いまは七〇パーセントが「反日外国人」になって帰っていくという現実は、そんなハンディキャップだけの問題ではない。

なぜ、日本はせっかく親日外国人を養成《ようせい》していくチャンスがあるにもかかわらず、かえって反日外国人を養成しているのか。アジアと仲良くしろとか、日本は戦後処理が済んでいないとか世界中からいろいろ批判されるが、留学生の問題一つとってもしだいに来る人が減っているのはなぜか。

わたしが聞いたところでも、留学生たちは、「日本は生活が苦しい、あんなところはイヤだ」というが、その「苦しい生活」という言葉は、たんに物価が高くて暮らしにくいとか日本語がむずかしいといったことだけではないのだ。彼らの言葉の根本のところにあるのは、この国の国民にぬぐいがたくある外国人差別の意識に対する「反感」なのだ。

何をおびえるのか

この国の国民は、一民族・一国家・一言語・一宗教であるために、基本的に他国人を排斥する。この日本国民の偏狭さというか狭量さは、日本が今後とも世界と友好をたもっていくためには、絶対に払拭しなければならないことだ。その差別意識、外国人排除の心理は、外国人の虞犯性、何か凶悪な犯罪を行うおそれがあるということへのおびえでもある。だからこの国は、外国人に対しては厳しく規制するのだ。

「戦後五〇年の平和こそがオウムを生んだ」としかいいようのない今の日本は、腐ってウジがわいて内部崩壊しつつあるのだ。この自壊作用は、このままならますます進んでいくだろう。

そうでなくとも一民族・一言語・一国家・一宗教で、先祖を辿《たど》れば一億二五〇〇万みな親戚《しんせき》みたいな日本人なのだ。樽につめられたリンゴのようなもので、どこかから腐《くさ》ってくるのだ。その危機から脱するには、異民族が五パーセントでも一〇パーセントでもまざって、リンゴの樽ではなく、坩堝《るつぼ》のなかでつねに煮えたぎっていくことだ。

日本を煮えたぎる坩堝に変えるには、とにかく歴史と原理原則にかえって徹底的に論議することが必要なのだ。「平和」でもいい「民主主義」でもいい、その原理原則を、日本人とはなんぞや、誰が日本人であるのかということとからめて、議論する。戦争直後がそうであったように、この国をどうするかを、国民みながホンネをたたかわせあって考えるということ。そこからしか、日本の活力は復活しないだろう。

「アメリカ人はいるがアメリカ民族は存在しない」という。そのアメリカという国のありようとくらべれば、徳川時代から四〇〇年にもわたって一つのタコ壺のなかに入れられ、そのなかを行ったり来たりしていた日本人と日本という国のありようは、わたしにはなんとも危機感のない、それだけに不気味なものに見えてならない。

わたしは、しばしば「異端者《いたんしゃ》」といわれるが、それは名誉なことだと自負している。なぜならば、建前ばかりで現実を直視しない人びとと違って、わたしはあくまでも現実を直視してホンネで語っているからだ。

この国はどうなっていくのかという想いと、この国はかくあるべきだ、かくあってほしいという願いをこめて、ロングレンジで論議していく姿勢が必要なのだ。その姿勢を、わたしは「愛国心」というのである。

「もっと外国人を受け入れよ。受け入れてタコ壺を坩堝に変えよう」という、人によっては〝亡国〟的言辞と非難を浴びせるだろう主張をあえてするのは、わたしがこの日本という国を、日本人を、心から愛しているからなのだ。

76 農民も海外に出ていけばいいのだ

周知のように、日本の企業は、急速に海外に生産の場を移している。それを「産業の空洞化」といって日本国家の存続のあやうさと見る人が多いが、わたしにいわせれば、同じものをつくるのに、日本では一ヵ月三〇万円払わなければならないが、外国では三〇〇〇円ですみ、そこでつくったモノがどんどん入ってくるということであれば、日本でつくる必要はない。外国のほうが安くていいということで、大中小を問わず企業が海外に出て行くのは理の当然というものである。

水は高きから低きに流れる。

経済というものは、あるところからないところへと動いていく。これは止めようがない。資本はボーダレスに行き交って、まもなく外国から安いモノが怒濤の如く殺到してくる。堤防は必ず決壊する。

ならば、とわたしは考える。

たとえば農業の場合、三毛作が可能なベトナムやタイやマレーシアといった国に、日本のササニシキとかコシヒカリのようにおいしい米づくりを教えて、一ヵ月三〇〇〇円か四〇〇〇円で働いてくれる人につくってもらえばどうなるか、と。その結果、日本には安いコメが入ってくるではないか、と。一〇分の一ぐらいでできるだろう。国民全般としては、安いじゃないか、それでいこうということになってくれるのではないか、と。

だから農民もコメをつくりに諸外国へ出ていけばよいのだ。そうしたら後継者一八〇〇人の農民の未来はハッピーではないか。現に、ベトナムやタイにかなりの農民が出かけていて、九六年六月には現地生産米の第一便が入ってきたという。優秀な日本人の農民のこと、うまいコメをつくってくれるであろう。松下とかソニーとか日産自動車とか、工業製品の空洞化を憂えているけれども、それは間違っている。農業も出ていくべきだ、ラジオや自動車やテレビといったものだけを外国でつくるのではなくて、食べ物もつくる。コメだけではなくて野菜もつくるのだというように発想の転換をしないと、デフレーションの時代は乗り切れないのだ。

ミャンマーの貿易大臣も、わたしに「ミャンマーには一六〇〇万人の労働人口がある、どんどん来てくれ」と語った。日本の何倍もの広い土地があるタイもいい。

かつて日本は満州で現地農民の土地を取り上げ開拓団を入植させた。ベトナムとかタイ、ミャンマー、マレーシア、インドネシアに軍隊を送って占領し、勝手なことをしようとして失敗した。

だが、いまは憲法第九条があり、海外に派兵する軍隊もないのである。アジア全域に、農民をも含めて日本国民全体が技術を持って出ていき、現地の人と協力して働き、その消費は日本が引き受ける。つくったモノは日本で引き取る。そういうことで合意すべきだし、そうすればいいのである。

二二〇〇年前、われわれの先祖は南方からコメを持って日本列島にやってきたのだ。その子孫のわれわれが今度は南方にコメを持って帰っていくのである。そうすれば日本国内の土地問題も必然的に解決するというものである。

77 日本は輸入大国でよいのだ

一ドル＝一〇〇〜一一〇円になり、もう絶対に三六〇円には戻らない。ならば一億二五〇〇万人の半分ぐらいは外国へ行ってもいいではないか。日本で消費するモノは外国の安いところでつくる、そうすれば月給が半分になってもいいのではないか、と思う。

では、日本に残った者はどうするのか？　答えは簡単明快である。国内では、ここでしかできないモノをつくればいいのである。たとえばコンピュータのソフトであるとか世界に通用する特殊な技術やノウハウを要するなモノで、ここでしかできないモノである。しかし、誰が考えても外国でできるようなモノは、外国でつくればいいのだ。

製造業は最低限のもの以外はすべて外国に出る。日本では流通業が主流となる。つまり日本は輸入大国になるという筋道はいわば歴史の「必然」である。日本国民が好むと好まざるにかかわらず、そうなるのである。

某大手マンガ誌の編集長と対談したとき、わたしはこう提案した。

「絵を外国に発注しては駄目なんですか。たとえば途上国のベトナムとかフィリピンとか。……日本は月給平均二五万〜三〇万円。台湾が一六万円、ベトナム四〇〇〇円、インド、フィリピンが八〇〇〇円から一万二〇〇〇円。だからストーリーを英訳してたとえばインドに発注するんですよ」と。

相手は、そんな大胆な発想は初めてですよ、と目を白黒させていたが、ソニーだって、松下だって海外生産しているではないか。安いからといって絵がヘタなわけではない。もっとうまいかもしれない。

現にNEC、沖電気、富士通、横河電機といった大手企業がコンピュータ・ソフト開発のためにインドの会社や合弁企業と業務提携を結び、開発・生産に乗り出しているというではないか。日本企業だけではない。IBM、モトローラ、ヒューレット・パッカード、コンパック、独のシーメンス、台湾のエイサーなど、世界中のハイテク産業がインドに乱入しているという。

安い人件費とインド人の優秀な頭脳、技術がいまや世界の〝売れ筋〟となっているのだ。こういった現実に目をつむり、「輸出拡大」と念仏のように唱えていても事態はまったく打開できないのである。

産業の空洞化というなかれ、生き残るためには日本は輸入大国でよいのだ。

そのためにはモノが買えるように国民に金を持たせなければならない。

それは税金の直間比率を変えて所得税を下げることで可能である。

四公六民は徳川時代からの鉄則であるのに、いまや六公四民だ。とんでもない話だ。これでは百姓一揆がおきてもおかしくない。日本は戦後五〇年、資本主義をやってきて、弱肉強食、放任主義もそろそろ限界だということで、弱者救済がいわれはじめている。

わたしは、社会主義のいいところを取り込んだ市民平等主義、修正資本主義でいいと思う。

いみじくも最近、話題になっている城山三郎著『花失せては面白からず』（角川書店）のなかで、城山三郎さんの恩師である故・山田雄三・一橋大学名誉教授はこれからの福祉国家像を次のように語っておられる。

「……結論のほうから言うと、いまのままの資本主義には批判的だ。あるいは外需中心というのには批判的だ。むしろ内需中心に。今日の円高やなんかの問題も真剣に考えなければいけないんじゃないか。いまも日米協議をやっていますけどね。それをもっと日本でも真剣に取り上げるべきで、何か米国の出方にかきまわされているおそれがあるんですね。……」

我が意を得たり、である。

ビジネスは朝令《ちょうれい》暮《ぼ》改《かい》でいけ、はわたしの持論であるが、ならば、政治も朝令暮改、大いに結構ではないか。二一世紀に向かっていままでどおりでは生きていけないのだ、という問題提起をすることが、政党であれ政治家個別であれ、政治の責任なのである。

これしかないとその方向に進むべく決断する、それが政治家の決断なのである。だが、その問題提起も決断も、いっさいが政治家に望むべくもない以上、わたしたちは生きようとするかぎり、なによりもまず、自分で自分を防衛しなければならない。だからわたしは城を開いて出撃する。あなたはどうするか？

78

政治も行政もリストラをやったらどうか

日本の経済は、インフレからデフレに移ってきた。その現実をふまえて、わたしたち企業人は、ビジネスのやりかたや会社の再編成をいろいろな形でやっているのだが、政治や行政にはそんな変革はまったくといっていいほど見られない。

参議院を廃止して国会を一院制にし、議員の数をいまの五〇〇人から二〇〇人にする。誰が最終的な責任を持っているのかわからない議院内閣制を廃止して、大統領制にし、大統領は公選する。東京に一極集中している行政機関を地方に分散し、行政組織の簡素化と効率化をはかる。現行の都道府県制も廃止してアメリカのように道州制にする。

わたしがかねてから提言しているこのような改革は、その気になればすぐにでも実行可能な改革である。

コンピュータやファクス、電子メールが発達して、オフィスがどこにあろうと東京の新宿や銀座にあるのと同じになっている時代である。時間も空間もゼロに近づいているスピードの時代である。中央の省庁が各地に分散しても会議はテレビ会議で充分である。

それなのに〈政治改革〉も〈行政改革〉も掛け声だけで一向にやろうとしないのは、一《いっ》にかかって政治家、官僚の保身にある。

いまの都道府県制を変えようとしないのはその象徴的な例だ。都道府県制は、いまから一三〇年前、明治政府の廃藩置県政策にはじまっている。廃藩置県は、徳川時代に二六〇あった大名を五〇に減らしたが、それ以降はなんの変化もない。日本の二五倍のアメリカが五一州でその二五分の一の日本が四七都道府県というのはまことに奇妙ではないか。狭い国土をこうまで細分化して、ますます広域化する地方行政にどうして対応できるというのか。

わたしは、だから日本も関東州とか関西州とか九州州とか、六～八の州にブロック分けして時代の変化に対応した行政改革を行なうべきだと主張しているのだ。

企業は時代の変化に対応すべく、大規模なリストラで体質を変えようとしているのだ。政治も行政も、いまこそ革命的な改革を徹底して、二一世紀に向かった新しい日本をつくるべきなのだ。いまのように、党利党略、政治家の思惑で総理大臣がコロコロ変わり、日本人にすらなにがどうなっているのかわからないようなことでは、日本は世界中から嗤《わら》い者になり、誰も相手にしなくなるだろう。だろう、ではない。すでにそうなっているのである。

79 「日本落日論」は夢物語ではない

世界的な経済学者、ハーバード大学名誉教授のガルブレイスは、朝日新聞のインタビューのなかで、こう語っている。「中国は将来、政治的、経済的にアジアの大国になるだろう。その場合、米国人の目から見ると、日本は米国から中国へ行く途中の国にすぎなくなる可能性が高い。また、日本は中国の沿岸部にある小さな国とみられるようになるかもしれない。中国の大国化にともなって、日本が影の薄い存在になるのは、やむをえないことだ」

わたしは、このガルブレイス教授の発言を読んで、国際空港というにはあまりにも貧弱な関西空港や成田空港を思い浮かべ、中国や韓国が建設中の〝ハブ空港〟が完成した暁の日本を苦々しい思いで想像した。

一九九五（平成七）年、中国は、アメリカに対して上海近郊に「宇宙飛行機」の基地を提供しようと申し出た。「宇宙飛行機」というのは耳慣れない言葉だろうが、なにを隠そう、これはわたしの造語で、アメリカがレーガン大統領時代に構想した「宇宙をロケット・エンジンで飛ぶ旅客機」のことである。レーガン大統領は〝オリエント急行〟と呼んでいたが、適切な日本語がないので、そう呼んでいる。

その「宇宙飛行機」の基地が上海にできるとどうなるか。コンコルドがパリ、ロンドンからニューヨーク、ワシントンまで、７４７が六時間かかるところを三時間で飛んでいるように、サンフランシスコやロサンゼルスから上海まで三時間で飛ぶようになるのである。この空路はさらにヨーロッパまで延びるだろう。そうなれば、関西空港などはオモチャ同然となる。「宇宙飛行機」が着陸できなければどうにもならない。

アジアの二〇〇〇年の歴史を見れば、この一〇〇年はたしかに欧米の文明を積極的に取り入れた日本が中国をリードしてきた。しかし、上海に「宇宙飛行機」の基地ができれば、日本は中国に最敬礼しなければならないような時代がくるかもしれないのである。ガルブレイス教授のいうように、日本はアジアでも「影の薄い存在」になる可能性は「非常に高い」のである。

日本はせっかく戦後五〇年かかって、大量生産・大量販売のアメリカ式経営法や経済システムをとりいれて、世界の経済大国といわれるまでになったが、「宇宙飛行機」という問題から二一世紀を展望すると、このままでは日本は「貧国貧民」国家に転落してしまうのではないかと思わざるをえないのである。

関西空港五一一ヘクタール、成田空港八九四ヘクタール、羽田空港七〇〇ヘクタール。それに対して世界最大のアメリカ・ダラス空港七二〇四ヘクタール、ケネディ空港二九五二ヘクタール、シカゴ・オヘア空港二八三五ヘクタール、フランスのシャルル・ドゴール空港三一四〇ヘクタール、ロンドンのヒースロー空港一一九七ヘクタール。加えて韓国が建設中のメトロポリタン空港一五二〇ヘクタール、新ソウル・メトロポリタン空港四七四三ヘクタール。香港も九七（平成九）年の中国返還後は新空港を開設する青写真があるという。

この数字を見ただけで、日本の前途は多難というしかないではないか。

日の丸の旗は、いま世界から「ライジング・サン」といわれているが、一部のアメリカ人の間では「フォーリング・サン」といわれている。「昇日」と「落日」、ガルブレイス教授の「日本落日論」はけっして「夢物語」ではないのである。

第5章

ビジネス・チャンスは無限にある

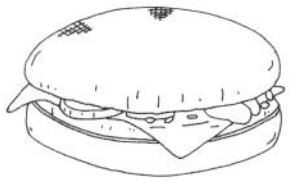

80

ビジネスは30年先を考えよ

一九三七（昭和一二）年に、父が、わたしの名前で三〇〇〇円の国債、政府補償第七五回戦時金融債券というのを買ってくれた。その当時、三〇〇〇円といえば家が三軒買えた。父は、日本が戦争に勝ったあかつきには、これでゆっくり暮らせるから大事に持っていろといった。

空襲でその書類を焼いてしまったので、わたしは、日本興業銀行に行って調べてもらったところ、たしかに「登録番号２２８番　藤田田」さんのがありました、といって、一九四六（昭和二一）年三月二日に「社債登録済証」という証書を再発行してくれた。

で、どうなったか。昭和一二年の三〇〇〇円を、興銀は、一九六〇（昭和三五）年に第一回の支払いがはじまって分割払いで払ってきた。利息はない。そしていちばん最後の一九七五（昭和五〇）年四月二二日、第七回目の支払いが二六六円。四〇年後に元本を返してきたのだ。

わたしはしぶとくがんばったが、しかし、戦時中の債券など、戦後のものすごいインフレのなかでどうにもならないと諦めた人も多い。そういう人たちに返却しなかった元本はみな銀行の儲けということになる。銀行というものは儲かるのだ。

銀行は絶対に損をしないということを、わたしは身をもって体験している。

一九五八（昭和三三）年、イギルスのセース銀行が倒産したときのことだ。ロンドンで銀行の顧問弁護士に会い、投資の返却を交渉した。

弁護士は、「藤田さん、すぐにドアをあけて帰りなさい。セース銀行を整理するのに一〇〇年かかります。アフリカに投資してますから、いまから一〇〇年かけてその投資を回収して払います。もちろん自分一代ではできないから、次の弁護士がうけついで一〇〇年後に清算したらお払いします。だからあなたといま話し合ってもムダです」といった。

これには、さすがのわたしもなすすべもなく、弁護士のいうとおり、ドアをあけて帰ったのだが、銀行というのはそういうことが通る世界なのである。

日本人は気が短くて、生きているうちに結果が出ないものはやらないというスタイルの国民だから、子孫がどうこう、何十年先にどうこうなどと考えない。だから、こんなに遅れているのだ。

下水道一つにしても、明治の初めにフランスに行って見ているのだから、そのときにもっと大きなパイプを青梅街道・甲州街道の下に通しておけば、東京都はいまになってこんなに困らなかったはずである。土地もこんなに高くならなかっただろう。ところが明治以後一三〇年間、元勲たちをはじめ政財界の要人たちはみな、自分が大臣になるとか金持ちになるとかいったことばかり考えて、国の将来など考えてはこなかった。いまだに考えていない。

だからいつまでたっても、この国は、「衣」と「食」はなんとか世界の水準に伍してきたが、「住」は世界のレベルはおろか、いまだに自国の戦前のレベルにすら回復していない。これは日本人に、長い目でものを計画するという習慣がないからだ。

春、米の種をまいて秋に収穫するという、そういう生活をくりかえしているものだから、何十年何百年先のことは考えない。考えられない国民なのだ。だからこんなに貧しい、というか、狭いところに住んでいるのだ。

これからの日本人は、短期的な勝負を狙わないで長期的な勝負を狙ってほしい。わたしは、このハンバーガービジネスもはじめからいっているように三〇年かかる。一サイクルは三〇年だ。三〇年辛抱すれば成功できる、その次はまた次の三〇年だ。だから三〇年間がんばろう。そうすればゼロ歳の子が三〇歳になるから、その子がハンバーガーを食べて育てばその次の世代もハンバーガーを食べにくる。だから三〇年サイトで見てやろうということができたのだ。

わたしは、一九八一（昭和五六）年に出した第一回目の五年勤続社員への賞状にもはっきり書いた。「われわれは二一世紀における巨大産業の革命的先駆者であり、五〇〇〇億円企業の実現をめざしているのだ」と。創業時にすでに三〇年後の目標を定めていたのだ。

ようするに、ビジネスは息の長い立場でものを見なくてはいけない。

81
頭脳の代わりをやる企業が伸びる

わたしは、ニューヨーク株式市場の好況は、コンピュータ関係のハードやソフト、ハイテク企業、あるいはニューベンチャーといった活力ある企業が支えているのだと思う。同じように「株」といっても日本とは内容が違うのだと思う。

日本のほうは新日鉄や日産自動車といった伝統的な一次産業、二次産業が主力だから、自動車なりオーディオなりVTRなりが一般家庭に普及してしまえば、それで終わりとなる。だが、アメリカでは、パソコン関連の新しいソフトであるとか、インターネットにつなど道具だとか、日本ではちょっと考えられないほど独創的で革新的な新しい企業が起きて、それがアメリカ経済を支えているのだ。

もちろん、日本でも孫正義さんの「ソフトバンク」といったアメリカ的な企業が勃興してきてはいるが、まだあまりにも少ない。ベンチャー企業を募集するとはいっているが、アメリカのそれには企業の内容も原動力も及ばない。だから株価を上げていく力がない。

こうした日本とアメリカの企業の違いは、わたしにいわせれば、言葉の問題である。いま、インターネットを使うと世界の何千万人の人びととつながるといっているが、そこで使用される言語は「英語」である。英語ができなければ世界につながらないのである。つながっても英語だからわからない。

しかし、この隘路《あいろ》は、早晩解決される問題だ。日本語で打ち込めばそれが直ちに英語になる、答えが出てきたらそれがすぐに日本語に変わるというソフトはまだないが、それができるのは時間の問題だろう。

なぜか。一〇年ほど前まで、コンピュータはみなカタカナを使っていた。わたしが社員に、「カタカナは読みにくい。漢字とヒラガナにしてくれ」というと、「そういう機械はありません。コンピュータは全部カタカナです」といっていた。ところが、いつとはなしに漢字・ヒラガナが入ってきて、いまはカタカナだけで打ち出すコンピュータはほとんどなくなってしまった。たとえば「きしゃのきしゃがきしゃできしゃした」と打つと、「貴社の記者が汽車で帰社した」と漢字で表現できるようになったのだ。そうすると、人間が頭で文章を考えなくても、こんな年賀状を出したいと思えば、コンピュータがババッとつくるくらいに進歩するだろう。

そうなると、自動車や大砲をつくるのではなく、そういう「頭の代わりをやる」企業が、どんどん出てくるだろうし、その関連の株が高値をよぶことになるだろう。

82

速度をわが手にする者が勝つ

物理的にモノを動かすには、空気の抵抗などがあって、なかなか速度を短縮することはできない。だから、わたしたちも、地上を走る汽車や自動車とか空を飛ぶ飛行機とか、空気抵抗のなかでの速度のことを問題にしていたのだが、しかし、宇宙に出て空気抵抗のないところに行くと、速度はものすごく速くなる。それと同じように、コンピュータが、文章も翻訳もできるようになると、その速度は光速に無限に近づいていくだろう。

実際いまでも、わたしたちは、男に対する言葉、女に対する言葉、親に対する言葉、妻に対する言葉、目上に対する言葉、そういった言葉を時に応じ場に応じて、頭のなかでパッと切り替えて話しているのである。その切り替えは光速のようなスピードなのである。

コンピュータもまた、光速で走れるようにつくられている。光速となると時間はほとんどゼロである。ウィンドウズ95をつくったビル・ゲイツが「インターネットは時間と空間をゼロにする」といっているが、そうなれば、わたしたちの日常生活もすべてそれにひきずられて、速度性が革命的に変わってくるのである。

そうなると、いま一つ残された問題は物流である。宅配便はエリア内・同一料金で北海道の山のなかでも、九州の島にでも荷物を送ってくれるようになったが、さらに速く、安く、情報並みに送るというのが大きな課題となるだろう。わが社でも冷凍・冷蔵配送をいかに速く、安くするかを追求しているが革命的なやり方があるのではないか、と思う。

目下のところは、時間・空間を超えて瞬時に到達するのは「情報」だけだが、近い将来にはすべてのものが光速に近づいて、なんでも速くできるようになるのである。

そうなれば、今日のマクドナルドを築きあげるのに二五年かかったけれども、これからは、たとえばソフトバンクの孫さんがそうであるように、短い時間で好結果がえられるようになるのではないか。ウィンドウズ95が瞬間的に全世界を制覇したように、だ。

日本もこういう企業をこれから重点的に興していかないと、世界に後れをとることは、目に見えているのである。

83 パソコンと魚は同じナマモノである

政治が現実離れも極に達していることは、パソコン・ブームで沸いているといわれている秋葉原を見るだけでわかる。いまや秋葉原では「パソコンを売る電気屋は魚屋といっしょだ」といわれているのである。昨日のものは売れない、在庫は売れない、のである。昨日入ったものはいらないからタダでもっていってくれ、捨てるには金がかかるからというくらい、あの世界はものすごいスピードで日進月歩しているのだ。

マクドナルドでも一九九五（平成七）年の三月にコンピュータを六六〇台入れたが、これが九六年三月にオフィスを移転した横浜の中央地区本部に入れた一〇〇台の新しいコンピュータに対応しなくなりつつある。社員希望者に分け与えるしかない。秋葉原では、家電屋が潰れてほとんどがパソコン屋になった。そのパソコン屋がいま潰れていっているという。おもしろいというか気の毒というか、実にもう「恐ろしい時代」になってきているのだ。

84 スピードの時代にふさわしい独創性で勝負しろ

その「恐ろしい時代」をいかに生きていくか。

わたしは、つい最近アメリカで、時計の概念をまったく変えた時計を見つけて買ってきた。丸い地球儀を開いて平面にし、夏と冬では違う太陽の位置をコンピュータで計算して時間の経過とともに地球上を動いていく、時の経過と日照時間を同時に見ることができるという「地球時刻時計」というものだ。

かつて日本人は自動車でも飛行機でも、外国で発明したものをインプルーブ(改良)していくことには優れているが、無から有を生むことは下手だといわれた。しかし最近は日本人のクリエイティビティも進歩してきたのではないか、とわたしは思っていた。ところが、わたしはこの時計を見たとき、ああ、日常生活のなかで、われわれが不思議ともなんとも思っていないものを不思議と考え、そこから新しいものを創造していく、そういうクリエイティビティにおいては、アメリカにはまだ勝てないと思った。

コンピュータは、アメリカでもそうだが日本ではとくに、一般国民には関係ないビジネス用の分野が進歩してきているが、この時計のように国民の日常生活に直接かかわりのあるものも出てきているのである。

わたしは、この時計を会社において、みんなに、時間を見るのではなく、そこからクリエイティビティとはなにかということを考えてみてほしいといっている。

わたしのようにラジオもテレビもない時代に生まれた人、ラジオのある時代に生まれた人、テレビのある時代に生まれた人、パソコンの時代に生まれた人……それぞれに時代によって感受性も違えば脳の組み立ても違う、独創性も違う。そういう意味では、これから新しい企業を起こす人は、時代にふさわしい独創性を要求されるだろう。

コンピュータが創り出すバーチャル・リアリティ（仮想現実）のほうが現実であり、ほんとうの現実が現実でなくなるという時代がもう来ているのである。しかし、人間には〝心〟というか〝意思〟とは無関係に、爪《つめ》がのびたり髭《ひげ》がはえたりする生身の体というものがある。そうすると、人はいってみれば必然的に何重もの〝人格〟をもった存在になってくるのではないか。しかもそうなったとき、ビジネスはどの人格を相手にするのか――などと考えると、まだまだわたしにはやることがあると、起業家の血が燃《も》えてくるのだ。

85 エコノミー・オブ・スケールからエコノミー・オブ・スピードへ

ファースト・フードを始める前からわたしは、いまの世の中はスピードが大事だといい続けてきたが、最近、「エコノミー・オブ・スピード」という言葉を学者も使うようになってきた。日本経済はこれまで「エコノミー・オブ・スケール」で発達してきた。なぜなら富国強兵、軍国主義化で基幹産業を大きなスケールで推進してきたし、企業もスケールの大きさを誇り、いわゆる重厚長大企業が経済の中心となっていた。また「エコノミー・オブ・スコープ」――いかなる展望を持つかが同時に問われてきたのだ。

ところがいまは「エコノミー・オブ・スピード」、それも時間と空間が限りなくゼロになり、情報は瞬時にして世界中に行き渡るインターネットの時代とあっては、いかなる仕事であれ時間短縮が重要課題となってきたのである。

これまで三時間かけてやっていた仕事が限りなくゼロになる方向を考えなければ生き残

れないのだ。

さらに、時間・空間がゼロになるということは、企業という組織がなくとも、同じような仕事ができるし、スケールを問われないということだ。アメリカのシリコンバレーはいうまでもなく、日本でもマルチメディア関連のベンチャービジネスがマンションの一室から続々、生まれていることをみれば明らかである。

86 ニュー・エンターテインメント・ビジネスの時代がきた

もはや日本は鉄やアルミニウムをつくる時代ではなくて、そういった一次産業、二次産業は発展途上国に回し、サービス業を中心とする経済システムに入っていく時代にきているのだ。日本人にとってのエンターテインメントを考え日本人をもっと遊び上手にすることが産業のメインになってくる。

その先端を行くのは〝映像〟だ。

映画館はアメリカには二万八〇〇〇館もあるが、日本国内にはわずか一七三四館しかない。しかも日本の映画館は都市に集中している。この数字を見るかぎり、日本の新しい〝映画〟ビジネスの展開は望み薄のようにみえる。

だがしかし、いま郊外型のレストランや大型ディスカウント店やパチンコ屋が次々とできて、人びとはそこにクルマで行って何時間も遊んでいるではないか。それと同じように、映画館もこれからは郊外に出ていって、映画が観たい人は都市に住んでいなくても自分のクルマで行く、行けるようにすれば、新しいビジネスの可能性は大きいのではないか。

郊外型パチンコが成功し、トイザ〝ら〟スも成功し、最近では書店も成功している。それなのに映画館が成功しないはずはない。しかも、最近の映画は、大画面に大きなサウンド、ＶＦＸと大きく様変わりして、エンターテインメントとしてはすぐれたものになっているのだ。

六〇年代以降、テレビ時代が続き、映像といえばテレビ文化・娯楽と同義語になっていた。だが、いまやテレビは見るものという時代は終わり、使う時代に入っている。映像文化は、大画面の映画館であるとか三次元の映画館がになう時代になってきているのだ。従来型の映画館ではなく、一つの建物に七館も八館もある駐車場を備えた映画館――そういうスタイルで、新しい分野を拓くことはできる。

なにしろマクドナルドは世界九四ヵ国に進出しているのだ、それがいまディズニーと提携して壮大な世界的〝ニュー・エンターテインメント〟ビジネスとなりつつある。

しかもわたしには、マクドナルドやトイザ〝ら〟スという郊外型ビジネスのノウハウがある。それにくわえて、わたしのところには、さまざまな〝起業家〟が集まってきている。そういう人たちと、「こうすれば、ひょっとすると、モノになるのではないか」とアイデアを出し合えば、これは燎原《りょうげん》の火の如く燃えさかっていくだろう。

ベンチャー・ビジネスを起こす人たちにはものすごいエネルギーがある。そのエネルギーの捌《は》け口がなかなかつかめないだけだ。ちょっとアドバイスすれば、新しい産業を興すことはできる。そしてそれが、新しい〝革命〟を実現させるのだ。

わたしは最近、ニュービジネス協議会という会の副会長を引き受けた。

この会は、若い人に伸びるチャンスを与え、ベンチャー企業を応援する会として経済会では注目をあびている。わたしは人の相談にも乗るけれども、わたし自身もさらなるニュービジネスを推進していくつもりである。

87

流通革命のニューウェイブが続々上陸

わたしはいま、大手映画会社ＵＣＩとタイアップして、郊外に映画館をつくる構想をもっている。日本の映画会社は、わたしに、それをやられると日本の映画会社は死んでしまうから、ＵＣＩではなく日本人のわれわれと協力してくれないかといってきている。わたしは、映画会社の首脳にこういった。

わたしがそういう構想をＵＣＩと話していることは事実だ。戦後五〇年間、外国から映画会社が乗り込んでこなかったおかげで、松竹・東宝・東映は直営館をもってアメリカから輸入してきた映画を配給し、左うちわで安閑とやってきた。いまさら慌てて自分たちもやりたいといったところで、そんな力で防ぎようもない大きな波が、いま襲いかかりつつあるのだ。これはなにも映画だけのことではない。流通業全体の趨勢なのだ、と。

これは、わたしのたんなる予測をいったものではない。現に世界的な小売りチェーン「デイリーファーム」は西友との合弁でディスカウント・フードストア「ウェルセーブ」を昨秋より展開している。「ザ・スポーツオーソリティ」はジャスコとの合弁で大型スポーツ店を七月にオープンした。

他にも「アメリカン・モールズインターナショナル」の大型ショッピングセンターや、「ニーマン・マーカス・ダイレクト」の通販など、流通業界への外資進出は目白押しである。

最近、アメリカのある大手ディスカウンターの社長と副社長が訪ねてきた。

この会社は暮らしに関わる商品（食品等を除く）すべてを扱っている。

「トイザ〝ら〟スが非常にうまくいっているので、トイザ〝ら〟スの上にわが社を出してくれないか。連合でいきたい」というのである。

いままで、大店法などの規制があって入ってこられなかったアメリカの大型小売業が、マクドナルドやトイザ〝ら〟スの成功を見て、日本でもやりかたによってはやっていけるというので、わたしのところに「ぜひ提携してほしい」と話をもちこんでくる。

わたしは、これは前述の大手ディスカウンターやその他の個別企業だけではなく、まだ日本に進出してきていないアメリカの小売業が、わたしが嚆矢として持ってきたトイザ〝ら〟スの成功を見て、次々と日本に進出してくる前兆だと見る。ディスカウントハウスというと生鮮食料品とか衣類を売るところというのが日本人の〝常識〟である。その常識の虚《きょ》をついたアメリカの小売業がアメリカ的なスタイルで、トイザ〝ら〟スのように一種の大型倉庫みたいな建物に品物を山ほど積んで続々進出してくるだろう、と。

従来の日本的流通システムは崩壊する

いうまでもなく、それは消費者のためになることだ。いま、都心にあるデパートの売上げが伸び悩んでいるのは、郊外に大きな駐車場をかまえたディスカウントハウスのほうが安くて便利だからだ。これは、いわば小売業における〝世代交代〟である。

旧い流通業者には恐怖だろうが、この〝世代交代〟は急速に進み、近い将来、すべてがアメリカ的経営というか、合理的な経営の時代に入ってくるのではないか。いや、すでに入ってきているのではないか。

流通業の構造変化というか、従来の日本的流通構造が音を立てて崩れつつあるのだ。日本ではこれまで、売値の三〇パーセントが原価だとしてきた。それが、アメリカの小売業の進出で売値の五〇パーセントが原価だということになることは、火を見るよりも明らかなのだ。これは、物価が安くなるということである。

幕末、ペリーの黒船。敗戦、進駐軍という黒船。そして――トイザ〝ら〟スを先駆とするアメリカの大型ディスカウンターという黒船が、戦後五〇年間眠りこけていた日本人の眼をさまそうとしている。

大型ディスカウンターだけではない。情報・通信・医薬品の分野でも今後の市場拡大や規制緩和を見込んで日本市場への参入の動きが見られるのだ。

それなのに、政治家は、国家予算もろくに審議できないでいたらくである。国民不在、民主主義など、どこにあるか。政治家はいまこそ、われわれがインフレ経済からデフレ経済に移ってきたことを認識して、革命的な価格破壊で対応していることに学んで、政治の〝革命〟をこそ実行すべきなのだ。でなければ、遠からず彼らは、この国にとって、われわれ国民にとって〝無用の長物〟となるしかないのである。

88 マルチメディアは手段であって目的ではない

いささか時代錯誤といわれるかもしれないが、例のマルクスの有名な言葉をもじれば、「日本を一つの妖怪が徘徊している、マルチメディアという妖怪が」というわけだ。経済界もマスコミも、マルチメディアで世の中が変わると大騒ぎしていて、コンピュータにあらざれば人にあらずといった風潮がある。

一九九五（平成七）年末、ウィンドウズ95が売り出されたとき、徹夜して並んで買った人のなかには、パソコンのハードを持っていないのに「ウィンドウズ95があれば、なにかできる」と思いこんでいた人も多かったというエピソードは、この〝ブーム〟がほとんど実体をもっていないことを示していると思う。

実体がないから、日本人独特の付和雷同気分で希望というか期待は際限なくふくらんでいき、新聞に「マルチメディア」と載っていない日がないくらい、なにか景気回復の〝万能薬〟のようにもてはやされているけれども、わたしの見るところ、みんなが熱狂的に夢見ているいまがピークで、実際に形ができあがるころには、なんだこんなことかというならまだしも、そんなのあった？　という話になる公算がとても大きい。

いま、ニュービジネスというとマルチメディアがすべて、他のものはあたかも不要のような風潮だが、そうではない。ニュービジネスというのは言葉どおり「新しい仕事」で、マルチメディアはあくまでもワン・オブ・ゼムなのだ。「新しい仕事」というのはいっぱいあって、マルチメディアはそのなかの一つにすぎないのだ。

もちろんコンピュータを使った新しい仕事の可能性は大きいし、そのための道具もいろいろあると思う。思うけれども、マルチメディア・ビジネスだけがニュービジネスではない。

自動車時代の幕開けを想い起こしてみるがいい。あのとき、これからはクルマの時代だ、どこへ行くにもクルマで行けばいい、自転車なんかもういらないと多くの人がいったはずだ。しかし、いまでもみんな自転車をけっこう使っているではないか。クルマがあっても、自転車も三輪車も残った。そこをはき違えると、ニュービジネスはコンピュータ関係とイコールと思いがちなのだが、わたしはそうではないと思う。

マルチメディアだけがニュービジネスではない

マルチメディアの時代になれば、家にいながらにしてショッピングできるとか、銀行のお金の支払いも全部できるとか、さまざまな便利さは大きなプラスだが、考えてみたまえ、便利さだけが、われわれの生活のすべてではないのである。

インターネットで、家にいながらにしてデパートの売り場情報を得ることができるといっても、小さな画面のなかで見るのと、実際に現地へ行って見るのとでは、また違う。

「ウィンドー・ショッピング」という言葉があるくらいだから、買わなくても売り場の商品だけ見ても楽しいのだ。そういう楽しみをも含めて人間の生活はある。トイザ〝ら〟スを例にとれば、広告をつくってインターネットに入れれば店は不要かといえば、そうではない。トイザ〝ら〟スには、一〇〇〇坪もの売り場に来ていろいろなものを見るというショッピングの楽しさがある。ところがコンピュータというものは、そういう情緒感というものをなくしてしまうところもある。

マクドナルドのように、そこへ行かなくてはハンバーガーが食べられない、トイザ〝ら〟スのように、そこへ行かなければおもちゃが買えないというビジネスからみれば、マルチメディア恐るるに足らず、そんなに恐れることはない。

人間は理論だけで生きているわけではない。肉体と感情を持った生き物なのである。よほどの田舎にいてショッピングのチャンスのない人は、パソコンを使って新しい商品、流行のファッションを手に入れることも望ましいことだろうが、東京や大阪、名古屋などの大都会に住んでいる人には、そういう不自由さはまったくない。

「パソコンを使って買い物して、お金を支払って、生活の一切合切をパソコンでやる時代がきている。だから生活を便利にするためには、早くパソコンを買って、ウィンドウズ95とか一太郎に習熟する必要がある」

そういう時代が目の前に来ていると大声でいわれると、そこはそれ凡人の悲しさ、みんなに遅れまいとあせる。だが、それは一時的に流行する熱病にかかったようなものにすぎない。

わたしの予測では、遠からず日本人は、いまのマルチメディア熱からさめるだろうし、みながみなパソコンを使ってショッピングするというような時代は来ないだろう。

要するに、わたしは、バーチャル・リアリティを追求しているこの種の産業だけがニュービジネスだと思いがちだが、それは間違っているといいたいのだ。

生活全般のニュービジネスを考えよ

少し冷静になって、われわれの生活全体を見まわしてみよう。そうすれば、コンピュータ関連以外の新しいビジネスは、無限といってよいほどあるではないか。

たとえば、人間の生活にうるおいをあたえる花にも、生花あり、ドライフラワーありで、飾り方にもいろいろある。それをビジネスにするやり方だっていろいろある。バイオ技術により一ヵ月も枯れない切り花を開発、販売している業者も出てきたという。あるいは女性の化粧品にしても、毛穴をきれいにするとか、シワをとるとか、もっともっと開発の余地はあるではないか。

「ニュービジネス」とはなんぞや。

わたしにいわせれば、豆腐の新しい食べ方を開発するのも立派なニュービジネスである。豆腐は一〇〇〇年以上も前に中国から伝わってきた大豆の加工食品で、日本人の生活とは切っても切り離せないものだ。その豆腐の食べ方を改善するというか進歩させるというか、たとえば凍り豆腐のような新しい食品をつくるのも、りっぱなニュービジネスなのだ。

箸《はし》にしてもそうだ。アメリカには二本がつながっていて開閉する箸があるが、日本では使っていない。新しい炊飯器ができてご飯の炊き方が開発されてきているように、日本人の生活必需品を変える画期的なアイデアを考えるのもおもしろいではないか。あるいは、外国では発達しているが、まだ日本には紹介されていないものを持ってくるのもいい。

世の中、あまり大きく変える必要はない。少し変えればいい。従来あるものを効率よくする。それがニュービジネスではないか。それなのに、猫も杓子もインターネット、インターネットとなびいているのはとてもおかしいし、いびつだと思う。

マルチメディアは万能で、世の中に大変革を起こすというかけ声につられて、西部劇の牛の群れのようにその方向に暴走していると、それこそ山にでも入って、かすみでも食っていないと人間らしい生活ができないということになってしまう。

若い人も、ニュービジネスは大いに結構だけれども、あまりマルチメディアのみに目を向けないほうがいいと思う。

そういったことを考えると、わたしは情報通信革命だと浮き浮きして舞い上がるよりも、いま、ニュービジネスを志向するならば、ロジスティック＝物流の新しいベンチャー企業を構想するべきだと思う。

以前は郵便小包や鉄道便は梱包にうるさかったし、時間もかかった。ところがヤマト運輸が宅急便を開発し、電話して一〇〇円出せば家までとりにきてくれる。荷造りも簡単になり、翌日には届けてくれるようになった。引っ越しもとても簡単にできるようになった。

これは物流関係の新しい展開だが、わたしはまだまだ革命的なものがあるのではないかと思うのだ。それ以外にもエネルギーの問題もある。住専問題もやっとかたづいたようだが、あれだけの金を使っても地価の下落は止められない。少子化時代になったいま、土地をどうするかといった問題もニュービジネスとして考えるべき問題だろう。

最近、ある県が県内のベンチャー企業を応援したい、ついては相談にのってくれないかといってきたので、わたしはいった。

「コンピュータ関係だけがベンチャーじゃありませんよ。新しい靴、シャツ、パンツ、化粧品、生理用品、健康グッズ、寝具、インテリアなど生活に必要なものはみなニュービジネスになる。いままではできなかったけれども、今後はできるということが現実にある。だから、生活全般のニュービジネスを考えなくてはならない。世の中便利になってきたので、情報通信だけが新しい事業だと思ったら大間違いですよ」と。

実体のないもので誰が儲かるのか?

朝日新聞がアメリカのサンノゼだかにアメリカ・アサヒというのをつくって、料金は高いが、その情報を欲しい人は二時間ごとに情報がとれるようになったという。たしかにこのサービスは、新聞記者とかニュースで生きている人には必要だろう。しかし、われわれ、一日二四時間単位で動いていて、八時間働いてあとは遊ぶとか休息している人間には、二時間おきに情報が流れてこなくてもいっこうにかまわないのである。

そうでなくとも情報過多なのである。これ以上情報がきても、対応できないのではないか。一般庶民は、オウム事件やオリンピックのような特別なことがなければ、朝、昼、夜のテレビニュースで充分なのである。そうでないと、人間らしい生活ができなくなってしまうのである。

ところで日本全体を見ると、どうもマルチメディアだとかインターネットだとかパソコン関連だとかがベンチャービジネスと同義語として語られ、あまりにも偏りすぎていると思われる。たしかに会社でも、電子メールが使えたり、先端で事務能力が非常に上がってくる。従来できなかったシミュレーションができる。そういう恩恵は大である。が、それにしても、新聞などのマスメディアは、そのメリットをいいすぎているのではないか。そういいたてることで、実体のないマルチメディアのイメージを過大にふくらませて、ふくらませること自体をビジネスにしてしまおうともくろんでいるのではないか。

すくなくともわたしには、いまのマルチメディア、インターネットに対する過大なもてはやしぶりは、そう見える。

合理性と情緒性、両方があって人間というのは存在する。その合理性という側面から出てきたマルチメディアを、それが人間生活のすべてであるかのようにいっているというのはおかしい。それよりも、いまこの忙しい日本で、サラリーマンがいかにリラックスして毎日を楽しみながら生活するか。そのためにはどうしたらいいのか、なにがビジネスになるのかを考えることが大切ではないか。

マルチメディアはあくまでも、手段であって目的ではない。コンピュータだけが人生ではないのである。

89 バブル崩壊後だから儲かるビジネスもある

北イタリアのコモは、ネクタイやスカーフといったシルク製品の世界一の産地として知られている。ピエール・カルダン、クリスチャン・ディオール、シャネル、世界の有名ブランドはほとんどみな、ここでつくられている。

「タイラック」は、そこでつくられた製品を直接世界に販売している会社である。経営者はイギリスのロイ・ビシュコという人だ。彼は、イギリスの空の表玄関ヒースロー空港だけで八店、世界二六ヵ国に四〇〇店を開いて、大成功をおさめている。

そのロイ・ビシュコさんが、日本でも売りたいとわたしに話してきたのは、いまから八年前のことだった。おりしも日本はバブル景気の真っ最中で、人びとはみな有名ブランド品に殺到していた。

わたしはビシュコさんに「いまはその時期ではない」と答えた。たしかに品物の質は有名ブランドと同じだ、しかし、いまは質ではなくブランド名がもてはやされている、どんなに質がよくても値段の安いネクタイには見向きもしない。しかし、これがいつまでも続くわけではない。経済情勢が変わるまで、もうしばらく様子を見ていよう、といった。

ビシュコさんは、日本の他の会社から「やりたい」という話があるという。わたしはいった。やりたいという人にはやらせればいいでしょう。しかし絶対にダメにきまっている、そんな人は商売を知らない人なんだ。ゴールデン・チャンスがおとずれたら連絡するからそれまで待っていなさい。

ビシュコさんは、わかった、わたしはミスター・デン・フジタと提携すると決めている。フジタが「ゴー」というまで何年でも待っているといった。

それから八年、わたしは、バブルが崩壊して日本でも、安くていいものが売れる時代がきた。日本人も有名ブランドより、品物の質がよく値段が安いものを買うようなった。だからネクタイも、世界一流のブランド名をつけた一万五〇〇〇円のネクタイより、同じものでノーブランドの三〇〇〇円、四〇〇〇円のネクタイが売れる時代になってきたと判断して、藤田商店とタイラック社の提携を実現させ、一九九五（平成七）年七月二日、東京駅丸の内南北通路に第一号店をオープンした。

シルクのネクタイが二三〇〇円～四九〇〇円。シルクのスカーフが三〇〇〇円～一万円。しかし、これはあくまでもいわば世間の動向をさぐるための瀬踏《せぶ》みだ。わたしも内心では、開店早々からの好売上げはあまり期待していなかったのだが、実際は開店初日からわたしの予測を上回る成績をあげた。

一万五〇〇〇円、二万円の有名ブランドネクタイと同じくシルク一〇〇パーセントでデザインも遜色ない、同じクオリティのものが三〇〇〇円、四〇〇〇円で買えるということになれば、客は殺到してくるのだ。

ロンドンにある「タイラック」の雨天体操場のように巨大な倉庫には、何万種類ものネクタイがズラーッと並んでいる。その何万種類ものデザインは、タイラックの何十人ものデザイナーがデザインしたものだ。彼らは、たとえばインドの古い絵を研究して、そこに描かれた象や牛などを図案化する。わたしは、東京駅に続いて、羽田空港に出店した、千葉駅に出店した、それから臨海副都心、成田空港、そして川崎、上野駅、新宿駅など九六年九月現在で一〇店舗。いずれも一〇坪前後の小さな店だが、みな爆発的に売れている。

ネクタイは男が使うものだ。が、買うのは五〇パーセント以上は女性である。彼女たちのなかには、一度に何十本も買う人もいる。安くて品質がいいからみやげ物にするのだ。ちなみにスカーフの売れ行きは日本が全世界のタイラックのなかでトップである。

女性だけではない。この間もある企業が牛をあしらったデザインのネクタイを八〇〇〇本買い上げてくれた。お得意先へのプレゼントにするというわけだ。

まさに絵に描いたような大成功だった。バブル崩壊後の状況には好適の商品だというわたしの判断に狂いはなかった。ビシュコさんも、デン・フジタのいうことを信じて待ってよかったといってくれた。

いいものであれば必ず売れるというわけではない。ものにはタイミングというものがある。バブルの全盛期にタイラックのネクタイを売っても売れはしなかっただろう。景気の悪いいまだから、品質がよくて安いものが、有名ブランドでなくても売れるのだ。また、これからは、そういうものでなければ売れないだろう。

わたしは、タイラックを、今後五年の間に一〇〇店舗にふやし、売上げ一〇〇億を目標に全国展開する。タイラックをニュービジネスとして成功させるのだ。

90

起業家魂は永遠なり

戦後日本は、重厚長大の第一次産業、第二次産業を中核にして〝経済大国〟にのしあがったが、もはやその時代は終わった。生産業は原料や賃金の安い外国に出ていき、日本経済は〝空洞化〟しているというが、わたしは、それを日本経済の危機とはとらえていない。

なぜならば、第一次、第二次産業に代わって第三次産業、つまりサービス産業が大きく発展して日本経済を支えているし、今後ますます〝サービス産業大国〟になっていくと確信しているからである。

わたしが展開しているマクドナルドやトイザ〝ら〟スやタイラックが、〝価格破壊〟だといわれているのはなにも〝安売り〟しているからだけではない。

生産者と小売業者の間にいくつもの問屋が介在して物価を押し上げている日本の伝統的な流通構造に〝革命〟的変革をおこしているからである。

わたしは、今後のサービス業が伸びていく決定的なポイントは「エンターテインメント」

にあると思っている。エンターテインメント、つまり「娯楽」である。

「ファン・プレイス・ツー・ゴー」をモットーにしているマクドナルドも、オモチャを売るトイザ〝ら〟スも、ビデオレンタルのブロックバスターも、みな「エンターテインメント」なのだ。

わたしはいま、マクドナルドとトイザ〝ら〟スに映画館をくわえた一大エンターテインメントの場をつくろうと構想している。

日本では映画会社は東宝・松竹・東映の三社になってしまい、映画館も全国に一七〇〇館と〝斜陽〟産業だといわれているが、アメリカでは映画はエンターテインメント産業の最たるものであり、映画館も二万八〇〇〇館ある。

映画産業の関係者はみな、映画の衰退はテレビに負けたからだというが、これは「敗者の論理」でしかない。わたしは、アメリカ人がそうであるように日本人もまた、大きなスクリーンで大きな音響で映画を観る愉しさを求めていると思う。

その愉しみを満喫するためには、映画館はただ一本の映画を見せるところというこれまでの形態を変革して、トイザ〝ら〟スの広大な売り場の二階あるいは地下に八つか一〇ぐらい映画館をつくり、入り口にマクドナルドをつくる。そこへ行けば、お父さんはお父さんで、お母さんはお母さんで、子どもたちは子どもたちで、それぞれに観たい映画を選んで観ることができるようにするのだ。

そして、映画を観終わったらトイザ〝ら〟スにいってオモチャを買う。おなかがすいたらマクドナルドでハンバーガーを食べる。そういうようなエンターテインメントの集積した場をつくるのである。

これはたんなる構想というものではない。わたしはすでに、アメリカのUCI（コロンビアとユニバーサルの二社がつくった会社）と提携して、その日本での展開に協力する話を進めているのだ。わたしは、ニュービジネス協議会の副会長として、さまざまな人々の相談にのるけれども、だからといって「功なり名遂《と》げた」わけでは絶対にない。わたし自身が〝起業家〟として、エンターテインメント産業の時代にふさわしいニュービジネスを精力的に創造していきたい、いや創造していくのである。

世の中の景気がいい、悪いというなかれ、あたえられた環境はみな同じなのである。勝って〝官軍〟となるかならないかは、人それぞれが新しいビジネスを創造しうるかどうかにかかっているのである。

◉藤田 田　人生年表

西暦(和暦)	年齢	本人のあゆみ	日本・世界の出来事
1926(大正15／昭和元)年	0歳	3月13日、電気技師の父・良輔、クリスチャンの母・睦枝との間に、5人兄弟の次男として、大阪市淀川区で出生。「田(でん)」という名前は「口に十字架」を意味し、慎みある言葉を話すように、母が祈りを込めて名づけた名前である	12月、大正天皇崩御。「昭和」と改元
1929(昭和4)年	3歳	この頃吹田市千里山に転居。ご近所には、「チキンラーメン」の生みの親、安藤百福がおり、交流をもったと言われる	4月、日本初ターミナルデパート「阪急百貨店」開店 10月、世界大恐慌はじまる
1938(昭和13)年	12歳	千里第二小学校卒業。学業優秀だがあまりの「わんぱく坊主」のため、内申書は悪く、旧制北野中学受験で不合格となる	4月、国家総動員法公布
1939(昭和14)年	13歳	自らの意志で「小学生浪人」を経験。背中を丸めた猛勉強ぶり姿をして「かまぼこ板」とあだ名がつけられた	7月、ノモンハン事件 9月、第二次世界大戦はじまる
1940(昭和15)年	14歳	旧制北野中学(現・大阪府立北野高校)入学。同級生には松本善明・元衆議院議員、1学年後輩には日本マンガ界の父、手塚治虫がいる	9月、日独伊三国軍事同盟の締結 10月、大政翼賛会発足 11月、大日本産業報国会結成
1941(昭和16)年	15歳	北野中学ではガリ勉タイプではないが、成績はトップクラス。人望もあったと言われる	8月、米国、石油の対日輸出全面禁止 11月、米国、ハルノート(中国撤兵要求)提議 12月、日米開戦(太平洋戦争)
1942(昭和17)年	16歳	「秀才じゃなかったけど、勘がいい人間」(松本善明氏)の言葉通り、天賦の才能である多動力を発揮。陸上競技でも400メートルの選手に	6月、ミッドウェー海戦で大敗 8月、米国マンハッタン計画を開始
1943(昭和18)年	17歳	旧制北野中学卒業	10月、学徒出陣はじまる

1944(昭和19)年	18歳	4月、戦火の激しい大阪を離れ、島根県・旧制松江高校(現・島根大学文理学部)文化乙類入学 10月、結核を患い、京大結核研究所にて余命2カ月を宣告されるも、持ち前の馬力で復活(ただし、1年留年)	3月、インパール作戦(3万人弱戦死)
1945(昭和20)年	19歳	病から回復した藤田、応援団長・クラス総代・記念祭委員長など選挙で選出され務める 4月、松江高校寮内で、召集令状を受けて戦地に行く3年生壮行会で軍国主義を堂々と批判。「赤紙1枚で戦争に行き、死ぬことがどんな無意味なことか」と演説。先輩から喝采を受ける	3月、東京大空襲 8月6日、広島・同月9日、長崎に原爆投下 同月15日、敗戦
1946(昭和21)年	20歳	松江高校の寮内の食料難解消のための交渉に尽力。商才を発揮し、解決。GHQ(連合国軍最高司令官総司令部)でのバイトに励む。「人生も救国済民もカネ」次第の哲学を身をもって知る	5月、極東国際軍事裁判はじまる
1948(昭和23)年	22歳	4月、東京大学法学部入学。同時にGHQで通訳の試験に合格。当時の公務員の給料の5倍も稼ぎ、自活。この通訳の経験で出会ったユダヤ人から「ユダヤの商法」を体得 このころ、太宰治とよく飲む。太宰の死の直前までともに飲んでいた。「あれは事故死だ」と証言	6月、太宰治、玉川上水で入水自殺 11月、極東国際軍事裁判の判決日
1949(昭和24)年	23歳	東大法学部の同級生で貸金業「光クラブ」を立ち上げた山崎晃嗣と親交をもち、同社の出資者でもあったと言われる	11月、「光クラブ事件」山崎晃嗣自殺
1950(昭和25)年	24歳	4月、東大在学中に輸入雑貨販売店・藤田商店を設立	6月、朝鮮戦争勃発
1951(昭和26)年	25歳	3月、東京大学・法学部卒業。11月、妻・悦子(松江高校時代に知り合う)と結婚	9月、日米安全保障条約調印
1969(昭和44)年	43歳	前年に続きアメリカンオイルから5600万本のナイフとフォークを受注。納期に間に合わせ「銀座のユダヤ人」として世界から信用される	7月、アポロ11号月へ
1970(昭和45)年	44歳	3月、東京タワー蝋人形館を開設	11月、三島由紀夫割腹自殺
1971(昭和46)年	45歳	5月、「日本マクドナルド株式会社」設立。ハンバーガー大学を設置 7月、銀座三越1階に日本第1号店(22坪)オープン	8月、円の変動為替相場制へ移行

西暦(和暦)	年齢	本人のあゆみ	日本・世界の出来事
1972(昭和47)年	46歳	5月、『ユダヤの商法』刊行大ベストセラーとなる(2019年現在、276刷82万7000部) 7月、京都・藤井大丸に関西1号店オープン 10月、銀座三越店で日商222万円でマクドナルド売上世界記録達成	2月、札幌冬季五輪、浅間山荘事件 5月、沖縄返還
1973(昭和48)年	47歳	3月、「味なことやるマクドナルド」のCM大キャンペーン開始 6月、名古屋市に中部地区1号店(金山店)オープン	10月、オイルショック
1974(昭和49)年	48歳	7、8月ころ、当時17歳の孫正義(現・ソフトバンクグループ代表取締役会長)が『ユダヤの商法』に感銘を受けアポ無しで何度も藤田田を訪ね、ついに会う。藤田は孫に「コンピュータを学べ」とアドバイスした	10月、ミスター巨人・長嶋茂雄現役引退
1975(昭和50)年	49歳	12月、年商100億円突破	4月、ベトナム戦争終わる
1976(昭和51)年	50歳	10月、千葉・木更津店オープンにより100号店達成	7月、田中角栄前首相逮捕(ロッキード事件) 9月、毛沢東死去
1977(昭和52)年	51歳	10月、日本初のドライブスルー採用店舗を東京・環八高井戸店にてオープン	9月、王貞治が国民栄誉賞受賞第1号となる
1978(昭和53)年	52歳	10月、世界5000号店を神奈川・江の島にオープン 12月、年商300億円突破	5月、成田空港開港 8月、日中平和友好条約調印
1980(昭和55)年	54歳	12月、年商500億円突破	9月、イラン・イラク戦争はじまる 10月、山口百恵引退
1981(昭和56)年	55歳	11月、日本マクドナルドが、外食産業部門で農林水産大臣賞を受賞	4月、スペースシャトルの打ち上げに成功
1984(昭和59)年	58歳	2月、「チキンマックナゲット」全国発売 5月、米国マクドナルドのアドバイザリー・ディレクター就任 10月、日本マクドナルド年商1000億円達成	3月、グリコ・森永事件 7月、ロサンゼルス五輪開幕

１９８５(昭和60)年	59歳	8月、用賀インター店オープンにより５００号店達成	8月、日航機墜落 9月、プラザ合意、円高時代へ 11月、阪神タイガース日本一
１９８６(昭和61)年	60歳	11月、藍綬褒章受章	1月、チャレンジャー号爆発 4月、チェルノブイリ原発事故
１９８７(昭和62)年	61歳	2月、サンキューセット(３９０円)が「新語・流行語大賞」大衆賞を受賞	4月、国鉄分割・民営化
１９８８(昭和63)年	62歳	5月、資本金を10億円に増資 12月、「３６０円セット」大成功	3月、青函トンネル開通
１９８９(平成元)年	63歳	11月、トイザラス社と合弁契約締結。日本トイザらス設立	1月、昭和天皇崩御。「平成」と改元 4月、消費税３%導入 11月、ベルリンの壁(冷戦)崩壊
１９９０(平成２)年	64歳	12月、マクドナルド全店日商合計10億円突破 同月、山形・やよい町店オープンにより、全都道府県へ出店完了	8月、イラク軍がクウェート侵攻 10月、日経平均２万円を割る(バブル崩壊) 同月、東西ドイツ統一
１９９１(平成３)年	65歳	12月、外食産業初の年商２０００億円達成	1月、湾岸戦争はじまる 12月、ソ連崩壊
１９９３(平成５)年	67歳	7月、名古屋市・瑞穂通店オープンにより国内１０００号店達成	5月、Jリーグ開幕 6月、皇太子徳仁親王、小和田雅子さんと結婚 7月、「55年体制」崩壊
１９９４(平成６)年	68歳	3月、「バリューセット」開始 12月、クリスマス企画として、「ハンバーガー」１００円、「チーズバーガー」１２０円の期間限定発売	6月、円高爆進。１ドル＝１００円割る 同月、松本サリン事件 9月、関西国際空港が開港

西暦（和暦）	年齢	本人のあゆみ	日本・世界の出来事
1995（平成7）年	69歳	3月、本社を新宿アイランドタワーに移転 4月、「ハンバーガー」130円、「チーズバーガー」160円など価格を大幅値下げ	1月、阪神・淡路大震災（死者6400人強） 3月、地下鉄サリン事件（死者13人） 4月、野茂英雄、大リーグデビュー 11月、マイクロソフト社、ウィンドウズ95（日本語版）発売
1996（平成8）年	70歳	1月、「ハンバーガー」80円、「チーズバーガー」100円の創業価格期間限定販売 3月、「ビッグマック」を創業価格200円で期間限定販売 11月、マクドナルド全店、日商合計15億円を突破 同月、初のPA内店舗・大黒パーキングエリア店オープンにより国内2000号店達成	5月、O157による集団食中毒発生 12月、ペルー日本大使館公邸をゲリラが占拠
1997（平成9）年	71歳	12月、日本マクドナルド年商3000億円突破	4月、消費税5％へ 8月、ダイアナ妃がパリで事故死 11月、拓銀・山一證券が経営破綻
1998（平成10）年	72歳	マクドナルド・コーポレーションと2030年までの新たなライセンス契約を締結	2月、長野冬季五輪開幕 6月、サッカー日本代表フランスW杯初出場 7月、和歌山毒物混入カレー事件（死者4人）
1999（平成11）年	73歳	4月、財団法人「ドナルド・マクドナルド・ハウス・チャリティーズ・ジャパン・デン・フジタ」設立	1月、欧州統一通貨「ユーロ」誕生

2002（平成14）年	76歳	2月、株式会社エブリディ・マック代表取締役会長就任。 7月、日本マクドナルドを「日本マクドナルドホールディングス」に商号変更 3月、日本マクドナルドホールディングス代表取締役CEOに就任 8月、日本マクドナルド、ハンバーガーの価格を80円から59円に値下げ	5月、日韓W杯開催
2003（平成15）年	77歳	3月、日本マクドナルドホールディングス代表取締役会長兼CEO退任	3月、イラク戦争はじまる 4月、六本木ヒルズ完成 12月、BSE問題で、米国産牛肉輸入停止
2004（平成16）年	78歳	4月21日、午前5時56分、心不全のため逝去（享年79）	1月、陸自、海自イラクに派遣命令 9月、プロ野球初の選手会ストライキ決行
2013（平成25）年	生誕87年	9月1日、東京タワー蝋人形館閉館。43年の歴史に幕	9月、2020年の夏季五輪開催地が東京に決定 12月、特定秘密保護法成立
2019（平成31）年	生誕93年	4月12日、47年ぶりに『ユダヤの商法』をはじめ、藤田田作品、6冊完全復刊 デン・フジタここによみがえる	4月、平成から新元号へ改元

【藤田田 復刊プロジェクトチーム】

撮影　岡崎隆生
永井 浩
取材　中村芳平
横関寿寛
動画制作　GEKIRIN
プロデューサー　塚原浩和
リーダー　笹本健児
営業統括　村瀬広一
WEB編集　竹林 徹
編集統括　山﨑 実

藤田 田（デンと発音して下さい） Den Fujita

1926（大正15）年、大阪生まれ。旧制北野中学、松江高校を経て、1951（昭和26）年、東京大学法学部卒業。在学中にGHQの通訳を務めたことがきっかけで「（株）藤田商店」を設立。学生起業家として輸入業を手がける。1971（昭和46）年、世界最大のハンバーガー・チェーンである米国マクドナルド社と50:50の出資比率で「日本マクドナルド（株）」を設立。同年7月、銀座三越1階に第1号店をオープン。日本中にハンバーガー旋風をまき起こす。わずか10年余りで日本の外食産業での売上1位を達成し、以後、トップランナーとして走り続ける。過去2回、マクドナルド・コーポレーションのアドバイザリー・ディレクターを務めるなど、マクドナルドの世界戦略にも参画。1986（昭和61）年、藍綬褒章受章。1989（平成元）年、大店法規制緩和を旗印に米国の玩具小売業トイザラス社との合弁会社「日本トイザらス（株）」を設立し、全国展開した。また、世界一のネクタイ・スカーフ製造販売会社である英国タイラック社と提携し、全国店舗展開した。（一社）日本ハンバーグ・ハンバーガー協会初代会長。

創立30年にあたる2001（平成13）年7月26日、日本マクドナルドは店頭株市場に株式公開を果たした。2004（平成16）年4月21日逝去（満78歳）。著書に『ユダヤの商法――世界経済を動かす』（小社刊）ほか多数。

本年4月、藤田 田、6冊同時復刊。

勝《か》てば官軍《かんぐん》［新装版《しんそうばん》］

二〇一九年四月二五日　新装版　初版第一刷発行

著者　藤田《ふじた》　田《でん》（デンと発音して下さい）
協力　株式会社藤田商店
発行者　塚原浩和
発行所　株式会社ベストセラーズ
〒一七一-〇〇二一　東京都豊島区西池袋五-二六-一九
陸王西池袋ビル四階
電話　〇三-五九二六-六二六二（編集）
〇三-五九二六-五三二二（営業）
印刷所　錦明印刷株式会社
製本所　株式会社積信堂
DTP　株式会社三協美術

ISBN978-4-584-13907-3　C0095
定価はカバーに表示してあります。
落丁・乱丁がございましたらお取り替えいたします。

日本を担う若者に贈る《成功のヒント》――なぜ、今、藤田 田を復刊するのか――

株式会社ベストセラーズは、このたび藤田 田の著作を新装版として6冊同時に復刊いたしました。その中で最も古い『ユダヤの商法 世界経済を動かす』は、１９７２（昭和47）年に刊行されました。当時、藤田は、日本マクドナルド社を立ち上げるや、あっという間に日本人の「食文化」を変えた経営者として注目を集めました。同書は総計82万７０００部の大ベストセラーとなりました。今、日本経済の舵取りをしている著名な経営者が、同書によってビジネスでの「成功の本質」を学んだともいわれております。また、今回復刊する6冊の累計は３０７刷、97万部と、多くの読者に評価された作品となっております。

では、藤田作品を「なぜ、今、このタイミング」で復刊するのか。その理由とは、多くの日本人にとって日々暮らす社会環境が劇的に変化し、非常に厳しい時代を迎えたからです。そして、この時代を稼いで勝ち抜くための「答え」が藤田 田の《商法》の中にいまだ色あせることなく豊かに「ある」からです。現在、中小、大企業を問わず「正社員としての終身雇用」が難しくなっております。特に就職氷河期世代の40代以下の若者にとっては、人生設計そのものを一から立て直さねばなりません。利益を生み出す「ビジネス」自体を自分の頭で考え、切り開き、その資金も自分で調達する必要に迫られているのです。ゆえに藤田が著書の中で繰り返し述べる「商売のアイデアを見つける力」、「それをすぐに実行する力」が、今、まさに求められているのです。この二つの「稼ぐ力」を若者に伝えるべく私たちは本企画をスタートさせました。20代、30代のみなさんにはまだ人生で成功するために準備する「時間」があります。金持ちへの「夢」、ビジネスで世界を変える「希望」があれば、藤田の言葉の中から必ず《成功のヒント》を見つけ出せると思います。みなさん、どうか1回目はサラッと通読し、2回目はじっくりと精読、3回目は自分の言葉に引き直して血肉化し、4回目以降は仕事で悩み迷った時に再び参照してください。この6冊で、若者の可能性が今まで以上に大きなものになると、私たちは確信しています。

今回の新装版の企画刊行に際して、「これからの日本を担うたくさんの若者に読んでほしい」と快諾をくださった、株式会社藤田商店代表取締役・藤田 元氏に衷心より感謝を申し上げます。

２０１９年４月12日

藤田 田 復刊プロジェクトチーム